旅游经济学研究

熊哲欣　著

中国商务出版社
·北京·

图书在版编目（CIP）数据

旅游经济学研究 / 熊哲欣著 . -- 北京 ： 中国商务
出版社， 2024.8. -- ISBN 978-7-5103-5313-0

Ⅰ.F590

中国国家版本馆CIP数据核字第20241LH536号

旅游经济学研究

LÜYOU JINGJIXUE YANJIU

熊哲欣　著

出版发行：中国商务出版社有限公司

地　　　址：北京市东城区安定门外大街东后巷28号　　邮编：100710

网　　　址：http://www.cctpress.com

联系电话：010-64515150（发行部）　　　　010-64212247（总编室）
　　　　　　010-64269744（商务事业部）　　010-64248236（印制部）

责任编辑：徐　昕

排　　版：廊坊市展博印刷设计有限公司

印　　刷：廊坊市蓝海德彩印有限公司

开　　本：787毫米×1092毫米　1/16

印　　张：10　　　　　　　　　　　　字数：198 千字

版　　次：2024年8月第1版　　　　　印次：2024年8月第1次印刷

书　　号：ISBN 978-7-5103-5313-0

定　　价：78.00元

前　言

　　著名旅游规划专家冈恩认为，旅游业并没有CEO，因而在旅游规划中存在四大目标，即旅游者满意、可持续发展、与社区融合，以及企业获利。当然，还包括多主体之间的沟通与协商问题，以及要对规划进行动态监测和后续调整等，即要以系统论思想认识旅游规划。由"旅游业没有CEO"这句话可进一步提出一个问题：即有没有"旅游经济学"这一领域。因为没有CEO，意味着不可能由一个"说了算"的主体设置一个单一也是唯一的利润目标。旅游不能像工厂与公司那样运作。一般认为，市场有一只"无形的手"。那么，旅游市场是受制于另外一只"无形的手"，还是既有的那只手？恐怕旅游经济学家也难以下断言。

　　若说"旅游企业经济学"倒是可以的，因为任何一个企业都有CEO，可以努力争取以最小的投入，获得最大的利润，这确实是个经济学问题。对于没有CEO的旅游社会来说，经济目标是不明确的，与非经济目标混合在一起，"说了算"的经济主体也"不明确"，因为不具有一个单一压倒性的主体。换言之，旅游中确实有经济问题，但那可能就是一个计算问题，如旅游卫星账户计算、经济投入的放大系数计算等。若将旅游经济学定义为社会通过旅游来获取经济效益的学问，可能就找不到一个具有哲学意义的核心矛盾。随着商品经济的不断发展，旅游经济也随之产生并得到较为良好的发展。目前，全球经济一体化趋势不断加强，促使我国旅游经济体系变得更为完善，旅游业归属新型先驱产业，越来越受到社会各界重视。然而，旅游经济对比其他经济，有独特特点，所以在实践中，需要全面考虑不同城市的特点，促使城市经济与之协调发展。旅游活动和人类社会的发展与思想意识的进步有着一定的联系。在社会发展中，人类的旅游活动不断增加，人们对于旅游的需求也随之增多，旅游活动在一定程度上已经成为人们娱乐的重要组成部分。本书将以城市的特点为切入点，针对各城市独特之处展开解析，进而为加速旅游经济与城市协同开拓作出贡献。

　　旅游业与经济增长之间的关系研究一直是旅游经济研究的热点问题之一。一个普遍的共识是：旅游业的发展不仅增加了外汇收入，而且创造了就业机会，从而带动了整体经济的增长。世界旅游及旅行理事会（WTTC）发布的《2022旅游经济影响报告》（以下简称《报告》）显示，全球经济复苏离不开旅游的助力，旅游业在其中将发挥重要作用。《报告》对未来10年全球旅游业将创造的工作岗位和旅游业GDP的增速进行了预测，工作岗位将达到1.26亿个，旅游业GDP增速将达到5.8%，超过全球经济增长率。我国旅游业已经日趋成熟，旅游消费在国民消费中的比重也不断扩大。多年的发展使得我国旅游消费对经济增长起到了越来越重要的作用，是国民消费提质增效不可或缺的力量，对促进区域均衡协调有重要作用，也有利于经济的可持续发展。

关于旅游发展与经济增长之间关系的研究，国内最早可追溯到20世纪90年代。进入改革开放后，随着经济的快速增长和居民收入的提高，旅游业发展得越来越快。在旅游发展与经济增长的关系方面，国内学者进行了不少研究，这些研究大多采用实证分析法。从研究内容上来看，包括研究旅游发展与经济增长的相关性和研究旅游发展对经济增长的贡献。

本书由熊哲欣负责编写，由郑雪霏、吴晶、孙玮负责整理书稿。

限于作者研究水平和时间，本书难免存在不足，敬请广大读者批评指正。

熊欣哲

2024 年 4 月

目　录

第一章　旅游经济学概述

第一节　旅游经济的基本概念

旅游活动已成为当今世界非常重要的活动，不论是旅游者的活动还是旅游产业的活动，都吸引了人们越来越多的关注，受到各国各地政府部门的高度重视。旅游活动既是一种社会现象，也是一种经济活动，表现出经济、社会、文化、生态、健康等多个层面的属性与影响。为了便于研究旅游活动中产生的各种经济现象和经济关系，首先界定关于旅游经济的四个基本概念：旅游、旅游产业、旅游经济和旅游经济关系。

一、旅游

什么是旅游？对旅游这一概念的理解和把握，是研究旅游经济问题的逻辑起点。

联合国世界旅游组织（United Nations World Tourism Organization，UNWTO）是联合国系统的政府间国际组织，其宗旨是促进和发展旅游事业，使之有利于经济发展、国际相互了解、和平与繁荣。其主要负责收集和分析旅游数据，定期向成员国提供统计资料、研究报告，制定国际性旅游公约、宣言、规则、范本，研究全球旅游政策。1991年，联合国世界旅游组织在加拿大渥太华召开了旅游统计工作国际会议，对旅游统计的口径做了修止和拓宽，就旅游活动、旅行者、旅游者的定义提出了一些重要的建议。1993年，联合国统计委员会采纳了联合国世界旅游组织提交的关于规范旅游统计的各项建议。

联合国世界旅游组织正式采用的旅游的定义是："由人们前往外地的旅行活动及其在该地的逗留活动组成。它是人们出于休闲、商务或其他目的，离开自己的惯常环境，前往某地旅行并在该地连续停留不超过一年的访问活动。"旅行者（traveler）的定义是："任何在两个或多个国家之间，或者在其惯常居住国境内的两地或多地之间开展旅游活动的人员。"在旅游统计中，对所有各类旅行者都统称为游客（visitor）。游客这一术语是整个旅游统计系统的基础概念。

旅游活动是一种复杂的综合现象，要想全面地认识旅游的概念进行描述，就必须全面考察参与旅游并对旅游产生影响的各个主体。我们从以下四个不同主体的视角认识旅游活动。

1.旅游者

旅游者是旅游活动的主体，其追求的是旅游活动带来的各种各样的身心体验和满足。这在很大程度上决定了旅游者的出游动机和对旅游目的地以及参与活动的选择。

2.旅游产品和旅游服务提供者

旅游产品和旅游服务提供者，指的是向旅游市场直接或间接提供旅游产品或旅游服务的企业或相关部门，是旅游产品或旅游服务的供给商，这些企业将旅游活动看作一种市场机会，通过为旅游市场提供商品和服务实现盈利。

3.旅游地政府

无论是国家政府还是地方政府都普遍地认识到旅游是发展经济的一种重要手段，能够促进接待地经济和社会发展，能够带来广泛的经济和社会效益，特别是在促进就业和增加收入方面作用突出。当然，旅游也会给环境、社会和文化等带来影响，因此，在旅游政策、旅游开发、旅游市场推广与营销、文化与环境保护等方面，政府起着重要的作用。

4.旅游地居民

旅游地居民通常将旅游看作一项文化交流或就业因素，看重的是游客与他们的互动所产生的影响。这种影响可能是有利的，如旅游带来的外部文化与信息的进入、就业机会与收入增加等；也可能是不利的，如旅游带来的对当地原有的社会生活秩序、民俗习惯、地域文化的冲击与影响。

二、旅游产业

在产业经济学中，苏东水认为，产业是具有某种同类属性的企业经济活动的集合。它既不是某一企业的某种经济活动或所有经济活动，也不是部分企业的某些经济活动或所有经济活动，而是指具有某种同一属性的企业经济活动的总和，是一个多层次的经济系统。结合旅游活动的特点，将旅游产业界定为：旅游产业是指为开展旅游活动提供旅游产品和旅游服务，以及相关配套产品与服务的同类属性企业经济活动的集合。旅游产业是一个综合性很强的产业，包括开展旅游活动所涉及的食、住、行、游、购、娱等多个产业部门及相关产业。

2015年，中国国家统计局公布的《国家旅游及相关产业统计分类（2015）》将旅游及相关产业划分为11个大类，27个中类，67个小类。将旅游业和旅游相关产业定义为：旅游业是指直接为游客提供出行、住宿、餐饮、游览、购物、娱乐等服务活动的集合；旅游相关产业是指为游客出行提供旅游辅助服务和政府旅游管理服务等活动的集合。

产业是一种社会分工现象，它随着社会分工的产生而产生，随着社会分工的发展而发展。按照恩格斯的观点，第一次社会大分工发生在原始社会的新石器时代，畜牧业从农业中分离出来；第二次社会大分工发生在原始社会末期至奴隶社会初期，手工业从农业中分离出来；第三次社会大分工发生在奴隶社会初期，商业逐渐从农业、手工业中分离出来，出现了专门从事商品买卖的商人。人类历史上的三次社会大分工，实际上已经形成了农业、畜牧业、手工业和商业等产业部门。

18世纪60年代，爆发于英国的第一次产业革命，是从纺织业的机械化开始，以蒸汽机的广泛应用为标志，开创了以机器代替手工工具的时代。从此，大机器工业逐步取代了农业，成为社会经济发展的主导力量。19世纪末20世纪初爆发的第二次产业革命，是从重工业的变革开始，以电力的应用为标志，不仅传统的钢铁工业、机械加工业发生了根本性变化，而且兴起了电气、化工、汽车、石油等一系列工业部门，工业的主导地位进一步得到巩固，产业结构发生巨大变化，农业所占的比重继续下降，服务业开始发展。

社会分工进一步向深度发展，表现为新兴产业部门不断出现和产业分工越来越细。进一步分工，可将农业分为种植业、畜牧业、林业和渔业等；工业分为冶金、机械、电子、石油、化工、汽车、食品、纺织等；服务业分为交通运输、通信、仓储、贸易、金融、保险、旅游、餐饮、文化、传媒等。

旅游产业的形成是与社会生产力发展水平相适应的社会分工形式的表现，是随着物质生产的发展和居民生活需求的扩大而逐步从商业、交通运输业、住宿餐饮业等服务业中派生出来的，其形式虽然仍属于服务业，但其经济活动的内容和范围已经超出服务业的范畴，涉及农业、工业、文化、社会管理等经济社会各领域。随着现代旅游业的快速发展，旅游业具有较为集中的旅游需求和供给，以及独立的分工领域，形成了相应的产品体系和市场结构，并且日益成为国民经济的重要组成部分。

2009年，国务院《关于加快发展旅游业的意见》中提出，要把旅游业发展成为国民经济的战略性支柱产业和人民群众更加满意的现代服务业，明确了新时期我国旅游产业发展的战略定位。2013年，国务院办公厅印发的《国民旅游休闲纲要（2013—2020年）》中提出，到2020年，城乡居民旅游休闲消费水平大幅增长，健康、文明、环保的旅游休闲理念成为全社会的共识，国民旅游休闲质量显著提高，与小康社会相适应的现代国民旅游休闲体系基本建成。这标志着我国旅游业的发展已融入产业结构、发展方式、商业模式、消费需求、社会调控、生活质量等经济社会的方方面面，进入了国民旅游休闲发展新阶段。

2014年，国务院《关于促进旅游业改革发展的若干意见》中提出，旅游业是现代服务业的重要组成部分，加快旅游业改革发展，是适应人民群众消费升级和产业结构调整的必然要求，对于扩就业、增收入，推动中西部发展和贫困地区脱贫致富，促进经济平稳增长和生态环境改善意义重大，对于提高人民生活质量、培育和践行社会主义核心价值观也具有重要作用。

2016年，国务院印发的《"十三五"旅游业发展规划》中指出，改革开放以来，我国实现了从旅游短缺型国家到旅游大国的历史性跨越。"十二五"期间，旅游业全面融入国家战略体系，走向国民经济建设的前沿，成为国民经济战略性支柱产业。2015年，我国旅游业对国民经济的综合贡献度达到10.8%。国内旅游、入境旅游、出境旅游全面繁荣发展，我国已成为世界第一大出境旅游客源国和全球第四大入境旅游接待国。旅游业成为社会投资热点和综合性大产业。"十三五"期间，我国旅游业将呈现出消费大众化、需求品质化、竞争国际化、发展全域化、产业现代化的发展趋势。《"十三五"旅游业发展规划》还提出，以创新推动旅游业转型升级。牢固树立"绿水青山就是金山银山"的理念，形成人与自然和谐发展的现代旅游业新格局。把人民群众满意作为旅游业发展的根本目的，使旅游业成为提升人民群众品质生活的幸福产业。

三、旅游经济

（一）旅游经济的含义

旅游经济是在旅游活动有了一定的发展，并具备了一定物质条件的前提下才产生的一种社会经济活动。旅游活动发展成为旅游经济活动，并成为整个社会经济活动的一个重要组成部分，是近代商品生产和商品交换长期发展的结果。从经济学角度考察，旅游经济就是旅游需求和旅游供给之间的经济联系，以及由这种联系引起并采用商品交换形式所形成的，旅游者、旅游产品和旅游服务提供者、旅游地政府、旅游地社区（居民）等利益相关者之间的经济联系和经济关系的总和。简而言之，旅游经济就是随着旅游活动的开展而产生的各种经济现象和经济关系的总和。

旅游活动发展成为旅游经济活动的前提条件是旅游活动商品化和旅游活动社

会化。旅游活动商品化是指采用商品交换的方式来组织旅游活动，即旅游者的旅行过程以及与其相关的各种活动是通过一系列商品交换关系的完成实现的。在旅游市场上，旅游企业或旅游相关企业直接或间接地向旅游者提供旅游产品和旅游服务或相关产品及服务，通过满足市场需求以获得经济利益；旅游者在旅游活动过程中为满足食、住、行、游、购、娱等旅游需求或获得某种旅游体验，必须以一定的价格向旅游企业或相关企业购买旅游产品或服务。

旅游者与旅游产品或旅游服务提供者之间发生市场交换关系。旅游活动社会化以分工与协作为基本特征，具体表现为旅游生产要素和劳动力要素集中在旅游企业及相关部门中进行有组织的规模化生产。

旅游活动的专业化分工不断发展，旅游产品和服务提供者之间的分工更为细化，协作更加密切，旅游产品和服务的市场化以及市场机制的调节作用，使旅游活动过程各个环节形成一个不可分割的整体。在社会分工体系中，不仅出现了专门为游客提供旅游产品的生产商，还出现了专门从事旅游服务活动的旅游服务组织，并形成了与之相适应的商业模式和社会环境。不仅旅游者与旅游产品和旅游服务提供者或经营机构之间有经济关系，旅游活动的各环节之间、各旅游企业之间、旅游企业与相关部门之间也有经济关系，而且旅游者、旅游企业、旅游地政府、旅游地居民等旅游活动相关利益者之间也有着密切的利益关系和经济关系。正是由于旅游活动中存在着各种交错复杂的经济关系，旅游活动才得以发展成为旅游经济活动。

（二）旅游经济的主要特征

现代旅游经济作为社会经济的重要组成部分，具有以下几个主要特征。

1. 旅游经济是一种商品化的旅游活动

在自然经济条件下，旅游活动主要表现为旅行者依靠自己的力量而满足自我需要的活动，不涉及旅游产品的生产与交换。而现代旅游经济是建立在商品经济基础之上的，以旅游产品的生产和交换为主要特征的旅游活动，必然要产生旅游经济活动中的供求关系和旅游产品的市场交换。一方面，随着现代社会经济的发展，特别是交通运输业的发展和人们闲暇时间的增多，既有旅游消费需求又有旅游消费能力的大众旅游活动的普及，产生了巨大的旅游市场需求。旅游需求的规模数量、消费水平、旅游目的、游览内容、出行方式等对旅游经济的发展规模和水平具有决定性的影响和作用。另一方面，旅游经济活动的市场供给主体——旅游企业，为旅游者提供各种旅游产品和服务，通过满足旅游市场需求获得利润。旅游企业既是旅游产品的生产者，又是旅游产品的经营者，是促进旅游产品价值得以实现并产生旅游经济效益的市场主体和重要基础。

2.旅游经济是一种具有消费属性的旅游活动

经济活动可分为两个基本领域：生产领域和消费领域。生产领域的生产活动表现为要把投入的生产要素转换成产出，向顾客提供有价值的产品或服务，满足市场需要并获得利润；消费领域的消费活动是出于维持个体生存、保证劳动能力的再生产以及实现个人和社会发展等目的，而对物质生活资料和精神生活资料的消费，即人们通过消费产品或服务满足自身欲望的一种经济行为。在旅游活动中，从供给角度看，旅游企业向市场提供旅游产品和旅游服务，其目的是满足游客的旅游需求；从需求角度看，旅游者在旅游过程中需要购买并消费各种旅游产品和旅游服务，以满足其观光游览、休闲度假、文化娱乐、探亲访友、医疗健康、商务或其他目的的需求欲望。由此可知，旅游活动是一个消费的过程，具有显著的消费属性特征。

3.旅游经济是一种综合性服务经济

旅游活动虽然不是以经济活动为目的，但其整个活动过程是以经济活动为基础的，涉及交通、住宿、餐饮、购物、文化娱乐、金融保险、通信、医疗等各种经济关系和综合服务。这些经济关系和综合服务构成现代旅游活动得以开展的支持体系，具体可分为四个层次：①公共政策支持体系，包括政策、法规等，如旅游法、公民休假制度等；②基础设施支持体系，包括交通、通信、信息等；③旅游业经营系统，包括旅行社、酒店、旅游景区等；④旅游管理及环境系统，包括旅游行政管理、旅游行业管理、市场环境等。从旅游活动的支持系统来看，旅游经济是一种由多行业、多部门分工与协作而形成的综合性服务经济。

四、旅游经济关系

随着旅游活动的大众化、全球化发展，旅游经济活动的社会化分工越来越深入，专业化协作越来越密切，每一个经济主体都在利益最大化原则下理性地选择具有比较优势的核心业务，旅游经济现象和经济关系更加多样化和复杂化。旅游者为了满足自己的旅游需求，必须支付一定的货币向市场购买旅游产品和服务；旅游经营者为了自己的生存和发展，必须投入一定的成本向市场销售旅游产品和服务；旅游产品的开发需要投入一定的旅游资源，而旅游资源又依托于旅游地的自然资源和人文环境；旅游产品的消费是一个旅游体验过程，需要旅游者前往旅游地才能得以实现。因此，旅游者、旅游经营者和旅游地三者构成了旅游经济活动的三大要素，旅游产品成为旅游者、旅游经营者和旅游地三大要素之间的连接纽带，旅游供求关系的矛盾运动和旅游产品的交换关系构成旅游经济的运行过程。

旅游经济关系主要反映在以下五个方面。

（1）旅游者和旅游经营者之间的经济关系。

（2）旅游者和旅游地之间的经济关系，包括与旅游地居民之间的经济关系和旅游地政府之间的经济关系。

（3）旅游者和旅游者之间的经济关系。

（4）旅游经营者和旅游地之间的经济关系，包括与旅游地居民之间的经济关系和旅游地政府之间的经济关系。

（5）旅游经营者与旅游经营者之间的经济关系。

第二节　旅游经济研究的发展过程

关于旅游经济的研究，是随着旅游业的发展不断展开并走向深入的。

一、国外旅游经济研究的发展过程

国外旅游经济研究的演进与发展过程可大致分为以下四个阶段。

（一）旅游经济研究的萌芽期（19世纪后半期至20世纪20年代）

19世纪后半叶，开始于欧洲的产业革命给社会经济带来的巨大变化，也为旅游经济活动的产生与发展创造了必要条件。随着西方国家特别是欧洲旅游业的发展，人们开始关注旅游活动及旅游经济问题。意大利学者为早期的旅游经济研究作出了突出贡献。1899年，意大利国家统计局局长鲍德奥（Bodio）发表了题为《关于在意大利的外国旅游者的流动及其花费》的论文，这是可见到的最早研究旅游经济活动的文献。这一研究一直延续到20世纪20年代，意大利的尼塞福罗（Niceforo）和贝尼尼（Benini）分别于1923年和1926年发表了论文《在意大利的外国人的移动》和《关于游客的移动计算方法的改良》。这些研究文献利用统计方法，对前来意大利旅游的人进行调查研究，从平衡国际外汇收支角度，评述了旅游对国家经济的影响及作用。通过上述文献可知，这一时期关于旅游经济问题的研究主要集中在旅游活动，过程中一些现象的描述和计算方法的探讨，如游客人数、逗留时间、消费能力等，对旅游现象的认知目的在于了解旅游活动的运行规律以取得经济利益的需要，是学术界早期对旅游经济现象的认知过程，是旅游经济研究的萌芽期。

（二）旅游经济研究的起步期（20世纪20年代末至第二次世界大战结束）

第一次世界大战结束后，随着欧洲经济的逐步恢复，越来越多的人从北美来到欧洲旅游，日益增长的由北美游客带来大量美元的旅游活动成为欧洲战后经济恢复和走向复兴的重要财源，旅游活动被普遍视为一种具有重要经济意义的活动，这种认识在当时深刻地影响着学术界的思想。1927年，罗马大学讲师马里奥蒂

(A.Mariotti) 出版了专著《旅游经济讲义》，首次从经济学角度对旅游现象做了系统的剖析和论证，通过对旅游活动的形态、结构和活动要素的研究，第一次提出了旅游活动是属于经济性质的一种社会现象的观点。1928年，马里奥蒂出版了该书的续编，并在1940年出版了修订本，最终完成了该书的理论体系。这一时期，从经济角度研究旅游现象的学者还有许多。1933年，英国爱丁堡大学的政治经济学教授欧吉尔维出版著作《旅游活动：一门经济学科》，该书阐述了旅游需求和旅游消费的理论。德国柏林大学教授格留克曼（G.Glucksmann）发表了多篇论文，阐述了关于旅游研究的观点，并于1935年出版了《旅游总论》，系统论证了旅游活动的发生、基础、性质和社会影响。他认为，研究旅游现象是一个范围非常广泛的领域，需要从多学科的角度去研究旅游现象，包括研究旅游活动的基础、发生的原因、运行的手段，以及对社会的影响等问题，除从经济学角度考察外，还需要从多学科角度去研究旅游现象。在这一阶段的旅游经济研究中，国外学者普遍认识到发展旅游业可以带来巨大的经济收益，因此，重点探讨和研究了旅游经济的性质、地位和作用，从不同角度对旅游经济的有关内容进行了研究。这些研究成果推进了旅游经济学的形成，并为现代旅游经济的发展与研究奠定了基础。

（三）旅游经济研究的发展期（第二次世界大战结束至20世纪末）

第二次世界大战结束后，旅游被普遍看作是一种恢复和发展经济的手段，能够促进接待地经济发展，包括旅游业界、政界和学术界都认为旅游是劳动密集型行业，可以为经济不发达国家和地区以及发达国家和地区带来显著的经济利益。在西方国家，随着农业和工业的迅速发展，服务业也迅速发展起来，特别是作为服务业的旅游业逐渐发展成为国民经济中的重要产业。旅游活动也由北美、西欧两个区域扩展到全世界，大众旅游成为时代潮流。为了适应旅游业快速发展的需要，欧美许多国家建立了各种类型的旅游经济管理学院，开设了旅游经济、旅游管理等学科课程，培养旅游业发展所需要的人才。同时，欧美一些专家、学者对有关旅游经济的理论及方法进行了更为全面和深入的研究，研究领域涉及了国际旅游分工理论与差别化需求、旅游市场、旅游企业管理、区域经济发展与旅游、旅游资源开发、旅游投资、旅游经济政策、旅游国际合作、发展中国家旅游经济等诸多方面，并且在旅游活动的本质和规律性研究方面取得重大进展，发表和出版了一批具有较高研究水平的论文和著作。代表性的成果有：1955年意大利特罗伊西的《旅游及旅游收入的经济理论》，1969年美国迈克尔·彼德斯的《国际旅游业》，1974年英国伯卡特的《旅游业的过去、现在和未来》，1975年世界旅游组织出版的《国际旅游业对发展中国家经济发展的影响》，1976年西班牙旅游研究院出版的《西班牙旅游经济投入—产出表》，1978年南斯拉夫翁科维奇教授的《旅游经济学》，1980年美国唐纳德·伦德伯格的《旅游业》，1984年美国夏威夷大学朱卓任教授的《旅游业》，等等。这些成果，为促进现代旅游经济发展起到了指导性作用，为构建旅游经济学科体系奠定了坚实的基础。

值得注意的是，在旅游经济影响研究中，旅游收入乘数效应问题成为热点问题。利用旅游收入乘数原理分析计算旅游收入对促进接待地社会经济发展的效果，是开展这方面研究时普遍采用的方法。英国学者阿切尔（B.Archer）和沃恩（R.Vaughan）在这方面做了大量工作并取得了重要成果。他们先后分别在英国的格温尼德（Gwyneedd）和爱丁堡的洛辛安地区（Lothian region）对旅馆的收入作了调查，在理论和应用两个方面进行了研究，得出了十分相似的结果，验证了旅游乘数效应的实践意义。同时，他们还运用旅游经济乘数理论调查并研究了这两个地区不同类型住宿业的就业情况，在直接、间接和诱导3种就业乘数效应方面取得了可靠的数据，验证了乘数理论在旅游就业中的作用。旅游经济乘数理论成为旅游经济影响研究的有效的基础性分析工具。

与此同时，由于旅游业迅速发展而引起的非经济因素影响，也引起了学者和社会的关注。首先是在20世纪60年代末由社会学家和人类学家开始的旅游社会影响研究，后来又有环境和生态影响的研究。20世纪70—80年代是旅游的非经济因素影响研究取得较大发展的时期。例如，一些学者关于"旅游人类学"概念的认同，也有学者提出与旅游有关的学科，如社会学、旅游人类学、旅游经济学、旅游环境学等综合成"旅游社会科学"的设想。

（四）旅游经济研究的新发展（21世纪以来）

21世纪以来，在旅游经济研究方面，研究者更关注旅游市场问题，如旅游市场需求分析与预测、旅游目的地、旅游营销等。

在旅游市场需求分析与预测方面，研究的重点是旅游需求模型的构建和旅游需求的预测，Divisekera构建了国际旅游业的需求模型，Kevin Greenidge用STM方法预测了旅游需求。同时也有部分研究成果是关于旅游需求的一般分析及对未来旅游需求各个指标的预测。

在旅游目的地研究方面，研究者的主要关注点集中在旅游目的地定位、旅游目的地映象、旅游目的地营销、旅游目的地管理、旅游目的地发展、旅游目的地与当地居民的关系等方面。20世纪90年代以来，特别是进入21世纪后，随着全球化趋势的快速发展，旅游目的地之间的同质化加剧，国际旅游市场竞争日趋激烈，旅游目的地定位的重要性受到旅游管理实践者和学术界的格外关注。旅游目的地映象与旅游者或潜在旅游者的行为动机、旅游决策、服务质量的感受及满意程度等因素存在密切关系。根据麦克因尼斯（MacLnnis）的研究，映象影响贯穿了整个旅游消费经历。在旅游消费购买之前，代理消费可能已通过映象发生了，在旅游过程中或旅游消费结束后，映象可以让游客感到游有所值并增加满意度。在旅游目的地竞争日益激烈的情况下，如何提高旅游目的地的知名度，让游客了解旅游目的地并吸引游客前来旅游，其关键是如何营销旅游目的地，培养旅游目的地游客偏好和游客忠诚。

旅游目的地市场营销理念在旅游中的应用主要基于旅游企业和旅游目的地两个层面。从整个旅游系统来看，旅游者的旅游活动主要发生于旅游目的地，与企业层面的市场营销研究相比，旅游目的地营销是一个相对较新的研究领域。由于旅游产品的综合性及旅游目的地自身的复杂性，旅游目的地营销涉及的内容非常庞杂，大致包括旅游目的地形象、旅游目的地营销组织、旅游目的地市场推广以及现代信息技术在旅游目的地营销中的应用等内容。Bill Bramwell研究了工业城市的旅游营销形象，Myriam Jansen Verbeke从博物馆旅游者的角度研究了城市旅游营销。旅游目的地营销组织是旅游目的地营销有效实施的保障。然而，与一般营销不同，旅游目的地的旅游基础设施及旅游产品通常是由当地政府和私人部门（旅游企业）共同提供的，在一定程度上具有公共物品属性，由此决定了旅游目的地政府对旅游目的地营销负有责任。以国家级旅游目的地为例，几乎所有国家都在不同程度上参与旅游营销。Palmer.A、Chen.H.M等提出组建旅游目的地营销联盟。旅游业是信息密集型产业，旅游目的地营销信息系统、旅游目的地在线营销、虚拟旅游社区、旅游电子商务、智慧旅游等信息技术在旅游业的应用及旅游新业态的出现，改变了传统旅游业的生产模式、学习模式、交流模式和商业模式。

二、我国旅游经济研究的发展过程

我国对旅游经济的研究起步较晚，这不仅与我国旅游经济活动和旅游产业发展阶段相吻合，而且与我国旅游教育发展阶段也相吻合。

在中华人民共和国成立以前，我国没有旅游经济。1949—1978年，我国计划经济时期，入境旅游作为一种外交活动而存在。1978年，我国开始实行改革开放政策。1978年和1979年，邓小平同志就发展我国旅游业发表的五次讲话开启了我国旅游产业发展的新道路。

改革开放以后，对外开放了中国旅游市场，以入境旅游为特征的旅游活动和旅游经济在北京、广州、杭州、西安等主要旅游城市开始迅速发展。而当时，国内关于旅游经济的研究仍是空白。在著名经济学家于光远的提议下，1979年全国经济科学规划会议将旅游经济学列入国家经济科学研究重点项目序列。20世纪80年代初，浙江大学、南开大学、西北大学、北京第二外国语学院等率先开设了旅游经济专业，这在客观上推动了我国旅游经济研究和旅游教育的发展。沈杰飞、吴志宏在《建立适合我国实际的旅游经济学科》一文中，对旅游经济学科的研究对象和研究内容展开了深入探讨，提出应建立旅游经济学科体系，以适应中国旅游业和旅游教育发展的需要。王立纲、刘世杰编写出版了《中国旅游经济学》，该书是国内第一部关于旅游经济研究的专著，提出了一些旅游经济的基本规范，对中国旅游发展道路、旅游业的基本性质及旅游资源开发等问题进行了有益的探索，初步构建了旅游经济研究体系。孙尚清主持的旅游经济发展战略研究项目，1987年被列入国家"七五"社会科学发展规划重点课题。该项目的研究成果《中国旅游经济研究》于1990年出版，提出了旅游业需要适度超前发展的观点。这一观点成为后来支持我国旅游业发展的重要战略思想。在这一时期，为适应旅游经济高等教育发展的需要，一些高校在引进国外研究成果和对国外旅游情况进行介绍的基础上，编写出版了《旅游经济学》教材。当时，由于旅游经济活动发展不足，在很大程度上制约着教材的编写水平。尽管这一时期的教材不可避免地存在一些问题，但对促进我国旅游经济和旅游教育发展发挥了重要作用。

进入20世纪90年代，随着我国旅游产业体系的逐步形成以及国际旅游和国内旅游需求的日益增长，旅游经济学科的研究领域也开始逐步扩展，从最初以经济学和管理学为主逐步向多学科发展，涵盖了社会学、心理学、市场学、地理学、环境学、历史学、文化学等，旅游经济研究逐步转向战略研究、规划研究和深化研究，主要研究内容包括旅游发展战略、旅游产业定位、旅游规划、旅游供求规律、旅游消费、旅游企业管理、旅游经济效益等问题，形成了以多学科交叉、融合为特征的旅游经济研究体系。同时，随着旅游高等教育的发展，旅游经济科研队伍不断壮大，旅游经济研究成果显著增加。例如，魏小安、冯宗苏在《中国旅游业：产业政策与协调发展》一书中，从制定科学的旅游产业政策角度，研究了中国旅游经济的结构问题。迟景才的《改革开放20年旅游经济探索》、李江帆的《旅游产业与旅游增加值的测算》、吴必虎的《区域旅游规划原理》、杜江的《旅行社管理》、周达人的《论旅游商品》、王大悟、魏小安的《新编旅游经济学》、罗明义的《旅游经济学》、林南枝、陶汉军的《旅游经济学》等成果的问世，为我国旅游经济的发展提供了重要的理论指导和政策参考，同时，也为旅游高等教育和旅游经济学科发展，提供了丰富的参考资料和重要的学术支撑。

进入21世纪后，全球旅游经济活动日益扩大，旅游产业的融合与扩展也日益深入，我国旅游产业规模不断扩大，旅游需求更加旺盛，对旅游经济的研究也更加趋向于多学科交叉融合，无论是在研究内容上，还是在研究方法上，都有了极大的改进与创新，旅游经济学科的研究体系更加系统化，旅游经济学科的理论体系也正在逐步形成。

在这一时期，国内关于旅游经济的研究，主要集中在旅游经济管理体制、旅游产业竞争力、旅游产业集群、旅游产业与区域经济、旅游产业融合、旅游信息化、旅游可持续发展等方面。贾生华、邬爱其认为，旅游业的产业属性和产业地位的变化在很大程度上是各种政策法规发生变化而导致的结果。从我国旅游业的成长阶段来看，相关政府部门的职能转变或职能范围的变化是一个共同的特点。在计划经济时期，依靠政策法规等强制性行动来推动产业经济发展可能是最优选择，但随着中国特色社会主义市场经济体制的建立和逐步完善，市场机制在旅游产业中作为资源配置的基础性作用得到了重视和发挥，在一定意义上讲，我国旅游产业的成长发展过程是伴随着政府主导下旅游经济管理体制的演变而进行的。

旅游产业集群推动旅游产业结构优化升级的动力机制主要体现在技术创新、产业经营和产业发展环境等方面，特别是技术创新和技术进步，使旅游产业发展呈现出集群化、融合化和虚拟化。杨勇利用空间基尼系数对中国旅游产业1998—2006年的集聚水平进行了测度，结果表明，旅游产业具有较强的聚集性，并且总体聚集性不断提高。

旅游产业是一个关联性很强的产业。2009年，国务院颁布的《关于加快发展旅游业的意见》中提出要把旅游业发展成为国民经济的战略性支柱产业和人民群众更加满意的现代服务业，标志着我国的旅游业发展正式纳入国家战略体系。李江帆等、崔峰等、吴三忙等学者运用投入—产出分析法，开展对旅游产业关联及旅游产业关联的波及效应进行研究，认为旅游产业关联性强，波及效果明显，可以带动相关产业部门的发展，对促进国民经济增长有重要作用。

旅游产业融合是社会经济发展到一定阶段的产物，作为一种产业创新形式，为旅游业发展注入了生机和活力。旅游产业融合分为两种类型：一是旅游业与其他服务业的融合；二是旅游业与第一产业和第二产业的融合，通过产业间融合发展涌现出多样化的旅游新业态，如文化旅游、会展旅游、节庆旅游、体育旅游、健康医疗旅游、研学旅游、工业旅游、农业旅游、乡村旅游等。旅游产业融合是在外部环境的影响下，由旅游需求的拉动力、旅游企业内在驱动力和技术创新推动力共同形成。旅游产业融合是产业创新的重要手段，延展了产业链条和产业功能，不仅在微观上改变了产业的市场结构和市场绩效，而且从宏观上有利于促进经济结构的优化升级。

旅游产业融合是在产业系统中，不同产业要素之间相互竞争、协作与共同演进而形成的产业发展新形态，融合方式包括技术融合、企业融合、产品融合、市场融合、制度融合等。产业融合发展促使旅游业新型产业功能逐步显现，如游览观光、休闲、度假、教育、养老、健体、医疗、文化创意、商务、展览等多种功能，新型商业模式应运而生，如旅游电子商务、旅游服务网络平台、自驾游、自助游等，旅游业已逐步走向与其他产业相互渗透融合发展的阶段。

旅游信息化是通过对信息技术的应用来改变传统的旅游生产、分配和消费机制，以信息化的发展来优化旅游经济的运行，其表现形式主要是旅游网站、旅游信息平台、旅游网络预订系统、旅游数字化管理以及支持信息化的基础设施建设。旅游信息化的内容主要包括旅游企业信息化、旅游电子商务和旅游电子政务。2001年1月，国家旅游局（现为文化和旅游部，下同）在全国旅游工作会议上提出启动"金旅工程"建设，把旅游业的信息化建设推进了快车道。

在智慧地球、智慧城市概念的提出和由理念到实践的影响下，智慧旅游应运而生。2014年，国家旅游局把"美丽中国之旅——2014智慧旅游年"作为年度旅游发展主题，将我国旅游业发展引向了一个新的阶段。智慧旅游是旅游业和信息化基于新一代信息技术的深度融合发展，是旅游业的一次深刻变革，它推动着旅游从传统旅游消费方式向现代旅游消费方式转变。

第三节　旅游经济学的研究对象

学科的研究对象决定着学科的研究范式，对学科研究涉及的内容和学科研究方法起着重要的指导作用。

一、旅游经济学的学科特点

旅游经济学具有应用性和边缘性两大学科特点。

（一）旅游经济学是一门应用性学科

旅游经济学是以经济学的一般理论为指导，运用产业经济学的理论框架和研究方法，研究旅游市场和旅游产业的经济现象、经济关系及其经济规律的，是专门研究旅游市场和旅游产业特有的经济活动，并揭示其发展的条件、范围、表现形式及运动规律，从而指导旅游市场和旅游产业可持续发展，创造旅游经济效益，具有较强的应用性，属于应用经济学的范畴。

（二）旅游经济学是一门新兴的边缘性学科

由于旅游活动是一种复杂的社会现象，在旅游活动基础上产生的旅游经济活动更具有综合性、交叉性的特点。因此，旅游经济学在研究旅游经济问题时，不仅要以经济学、旅游学的理论为指导，还必须借助多种学科的理论及研究成果来支持并丰富旅游经济学的研究内容。例如，运用心理学、地理学、资源学、统计学、市场学等学科理论和方法，综合考察和研究旅游消费行为、旅游经济地理、旅游资源开发、旅游统计分析、旅游市场营销等旅游经济现象和旅游经济问题，进一步加深对旅游经济内在规律及其运行机制的认识，以更好地指导旅游市场和旅游产业的发展。与其他学科相比，旅游经济学是一门新兴的边缘性学科。

二、旅游经济学的学科领域

旅游活动是旅游经济学研究的逻辑起点，旅游产品是旅游经济学研究的核心要素。旅游产品是旅游经济三大构成要素（旅游者、旅游经营者和旅游地）的连接纽带，旅游经济运行是围绕旅游活动这一事件，以旅游产品的市场需求与市场供给这一关系为主线展开的。旅游经济活动涉及多行业、多领域。旅游经济学以经济学、旅游学和管理学的学科理论为理论基础，充分运用心理学、社会学、地理学、资源学、市场学、文化学等多学科知识，从旅游市场、旅游产业和旅游经济发展三个层面构建旅游经济学的学科领域。该学科领域主要包括以下内容。

（一）旅游市场理论

旅游产品理论；旅游供求理论；旅游产品价格理论；旅游消费理论。

（二）旅游产业理论

旅游产业关联理论；旅游产业融合理论。

（三）旅游经济发展理论

旅游经济效益理论；旅游经济发展理论。

（四）旅游产业政策

旅游产业组织政策；旅游产业结构政策；旅游产业技术政策；旅游产业区域政策。

三、旅游经济学的学科体系构建

国内旅游经济学研究，从20世纪80年代初期起步至今也走过了近40年的发展过程，出版了很多版本的旅游经济学教材。从现在高等院校使用的旅游经济学教材来看，教材的内容体系基本上沿袭了微观经济学的一般范式，研究内容主要包括旅游产品、旅游需求与供给、旅游价格、旅游消费、旅游投资、旅游收入与分配、旅游经济效益、旅游经济发展战略等。研究方式基本上是在经济学的概念框架下加上了"旅游"这一特定对象，再运用经济学的概念和一般原理对旅游现象进行具体化解释。以经济学基本理论为指导，运用多学科交叉思维方式，深入研究旅游经济活动及其发展规律的旅游经济学的学科体系有待进一步研究与探索。

（一）阐述旅游经济学的学科理论基础

旅游经济学是融合了旅游学、经济学、产业经济学、管理学等多学科基本理论的应用性学科。旅游学主要研究旅游活动的各要素及各要素之间的相互关系，以揭示旅游活动的内在性质、特点及发展趋势；经济学主要研究市场资源的有效配置问题，以实现经济利益最大化，其解决方式是市场供求规律和价格调节机制；产业经济学主要研究产业内部的市场关系、市场行为及产业间的结构，以促进产业发展和产业结构优化，其解决方式是政府制定和实施产业政策；管理学则主要研究如何提高组织效率，将组织内部的有限资源进行有效配置，以实现组织的既定目标，其解决方式是组织管理和行政指挥。

在现实的经济生活中，旅游作为一种社会现象已成为一种现代的生活方式，在全球范围内普遍存在。旅游经济活动的各种要素和资源在市场机制的作用下相互竞争与合作形成社会化分工与协作体系，创造着旅游经济效益、社会效益和生态效益。在旅游经济实践活动中，对旅游经济的管理，通常表现为旅游企业管理、旅游市场管理、旅游产业管理等，旅游经济学研究的目的也正是要寻找管理旅游企业、旅游市场和旅游产业的方法与途径，以促进旅游经济的发展与进步。因此，旅游学、经济学、产业经济学、管理学等学科理论成为支撑旅游经济学学科体系的理论基础。

（二）阐述旅游经济学的学科领域和研究的主要内容

旅游经济学的核心是研究旅游相关资源的优化配置问题。旅游业需要的许多资源可能是公共资源，甚至是自由资源，如国家的高速公路网、铁路、通信、城市交通、国家公园、海滩、气候等。旅游业也要使用到其他生产者同样适用的各种稀缺资源，如劳动力、土地、资本等。旅游业通常是在利用自由资源和公共资源的基础上，再利用必要的私人资源进行旅游产品开发和市场经营活动。因此，旅游经济学研究不仅要考虑旅游资源使用的机会成本，还要分析旅游市场的供求规律、旅游者的消费行为与决策、旅游企业的市场行为、旅游产业的组织与结构、旅游经济影响以及旅游经济管理政策等内容。

（三）阐述旅游经济发展的目标

旅游活动既是一种经济活动，也是一种社会活动，具有经济、社会、教育、文化、生态等多元价值功能，实现旅游经济发展经济效益、社会效益、生态效益相统一。

第四节　旅游经济学的研究方法与意义

从旅游经济学的学科体系，我们知道旅游经济学的学科支撑涉及旅游学、经济学、管理学等多个学科。学科领域包含旅游市场、旅游产业、旅游经济发展三个层面。旅游经济学研究的主要内容涉及旅游产品、旅游需求与供给、旅游消费等旅游市场微观层面的问题，旅游及相关产业、旅游产业关联与融合、旅游产业投融资等中观层面的旅游产业发展问题，以及旅游经济效益、旅游经济发展战略与模式、旅游产业政策等宏观层面的旅游经济发展问题。这些研究内容相互联系、相互影响、相互作用，形成一个开放的、复杂的、综合的旅游经济系统。

一、旅游经济学的研究方法

（一）系统分析方法

任何系统都是要素的总合，是由若干要素以一定的结构形式联结而构成的具有某种功能的有机整体。整体性、关联性、结构性、平衡性、时序性等是所有系统共同的基本特征，这些既是系统论的基本思想观点，也是系统分析方法的基本原则。旅游经济是一个开放的、复杂的、综合的系统，因此，旅游经济学的研究方法首先应着眼于系统分析的角度，既要研究组成旅游经济系统的各个要素及其相互之间的关系，也要研究这些要素是以什么样的方式联结成为一个有机整体并实现其功能的。系统论观点是旅游经济学研究方法论的基本观点之一。首先，强调整体的观点，研究旅游经济要注重以旅游市场和旅游产业整体优化为导向；其次，强调动态平衡的观点，研究旅游经济要注重旅游市场和旅游产业的动态过程，协调旅游活动各要素及旅游产业各部门间的平衡发展，实现旅游经济发展过程中的整体优化；最后，强调环境适应性观点，旅游经济研究不能局限于旅游本身或一个国家、一个区域，应树立旅游观念，站在一个国家或一个区域社会经济发展战略的高度，将旅游放在整个国际经济大环境中加以研究。

（二）唯物辩证方法

唯物辩证方法是人们研究任何事物、任何系统的根本方法论，研究旅游经济学也不例外。唯物辩证法告诉人们事物是运动的，事物是普遍联系的，事物是发展的。旅游活动、旅游产业是运动发展的，因此，研究旅游经济要从发展的角度来分析问题。在研究旅游经济过程中，既要根据唯物辩证法实事求是的观点尊重旅游活动的规律，又要承认在一定时期内不同国家或不同区域的旅游产业及其结构是存在差异的，要以发展的观点来看待这一问题，努力探究推进旅游产业发展和优化产业结构的途径，促进本国或本地区经济的增长和发展。

旅游产业是一个综合性的产业，涉及旅游活动的食、住、行、游、购、娱等要素，包括餐饮住宿业、交通运输业、商贸流通、文化娱乐等多个行业，各行业部门之间、各产业之间都是有普遍联系的。在旅游经济研究中要深入研究各行业部门之间、各产业之间的关联情况，促进各产业之间、产业内部各部门之间平衡协调发展。

（三）可持续发展方法

旅游产业成为国民经济的战略性支柱产业，意味着其能整合几乎所有产业，是现代产业转型发展、创新发展、全面发展的催化剂与融合剂，是经济社会发展的方向性产业载体，是社会和谐、环境友好的战略工具。旅游资源也称环境资源，包括自然资源、人文资源和社会资源，旅游资源开发力度越大，环境破坏性力量就越强。这就要求在旅游的利用、开发中，树立可持续发展的理念，敬畏自然，珍视资源，尊重文化，保护文物，依托自然环境系统以及与之共生的人文环境系统，追求人与自然和谐、环境和谐、文化和谐，推动旅游产业健康可持续发展。

（四）案例研究方法

案例研究是运用产业实践中实际发生的典型经济案例，通过剖析案例的内在结构以及对案例进行定性定量相结合的分析，可以用来解释某一经济现象或说明某一经济规律。案例研究还能揭示出普遍经济规律在不同的经济条件与经济环境下所表现出的不同形式。案例研究是产业经济研究中常用的一种方法，在旅游经济研究中应用也较为广泛。这种研究方法，有利于培养研究人员和学生对实际经济活动中所蕴含的经济规律的敏感性，提高在实际经济活动中应用经济规律发现问题、分析问题、解决问题的能力。

二、旅游经济学研究的意义

（一）旅游经济学研究的理论意义

旅游经济学研究有利于促进旅游经济学学科理论体系的建立。旅游经济学研究的出发点是旅游产品，它是旅游者、为旅游者提供旅游产品和服务的企业、旅游目的地国家或地区政府发生经济关系的纽带，旅游活动是围绕旅游产品的需求与供给这一主要矛盾展开的。从经济学的视角，运用经济学的基本理论解释旅游活动中的经济现象、经济关系以及旅游产业的经济活动规律和经济影响，有利于建立旅游经济研究的范式和学科领域，形成旅游经济学学科理论体系，促进旅游学与经济学的沟通与融合。

（二）旅游经济学研究的实践意义

旅游经济学研究源于旅游活动和旅游产业发展实践的需要。研究旅游经济学的目的在于揭示旅游经济活动和旅游产业的本质特征及其发展规律以指导旅游产业政策的制订和旅游实践活动的开展，以促进旅游产业和旅游经济的有效发展。旅游经济学研究的实践意义主要有以下三个方面。

1.有利于促进旅游资源的保护与开发

旅游资源是旅游经济活动得以开展的基础，是激发旅游动机的吸引物，是旅游供给的重要内容。旅游资源只有通过开发才能被利用，形成旅游产品，满足旅游需求，产生旅游经济效益和社会效益，而旅游资源的价值直接受到开发是否合理、利用是否充分的影响。旅游资源开发是充分利用旅游资源的经济价值，开发旅游产品，并使旅游活动得以实现的技术经济活动。因此，旅游经济学研究有利于促进旅游资源的保护、开发与利用。

2.有利于建立有效的旅游产业组织

产业的组织结构不仅影响到产业内企业规模经济优势的发挥和市场竞争活力，还会影响到整个产业的市场绩效和产业发展。旅游产业同样如此。目前，旅游产业普遍存在着企业规模整体偏小、市场集中度较低、价格竞争激烈、进入壁垒低等现象，在一定程度上影响了旅游产业的发展，导致产业的有效竞争不足，市场秩序混乱。通过旅游经济学研究，深入分析产业的规模经济问题，通过产业政策引导，调整市场结构，规范市场行为，形成有效竞争的市场态势，从而提高市场绩效，促进旅游产业的发展，实现旅游经济效益。

3.有利于促进旅游经济的发展

旅游经济发展不仅仅是旅游产业的发展，还表现在由旅游引起的经济、社会、文化、政治等多方面的改善和提高。旅游经济发展的内涵是综合性的，包括旅游产业规模的扩大，如旅游人次的增加、旅游收入的增长、旅游服务业的扩张等，旅游对国民经济增长的贡献，旅游对社会文化建设的影响，旅游资源的开发与旅游产品结构的提高，旅游管理体制与经营模式的改善等。旅游经济效益是在旅游经济活动中要素的投入与所获取的各种利益之间的比较，不仅体现了旅游企业和旅游产业的经济效益，还体现了由旅游业带动而引起相关产业部门的经济效益以及国民经济发展、社会事业进步、生态环境改善等综合效益。

旅游经济学研究可以为旅游经济实践活动提供理论指导和产业政策导向，进而促进旅游经济的发展。

第二章　旅游经济发展的基础理论

第一节　体验经济理论

体验经济是继农业经济、工业经济和服务经济之后的第四类经济类型，或被称为服务经济的延伸。旅游业、服务业、餐饮业、娱乐业等行业都展现出体验经济的某些特征。

一、体验经济的含义与特征

（一）体验经济的含义

体验（experience）通常被看作服务的一部分，但实际上，体验是一种经济物品，像服务、货物一样，是实实在在的产品，不是虚无缥缈的。

1998 年，美国经济学家约瑟夫·派恩二世（B. Joseph Pine Ⅱ）和詹姆斯·吉尔摩（James H. Gilmore）在《体验经济》一书中提出，所谓体验，就是企业以服务为舞台，以商品为道具，围绕着消费者，创造出值得消费者回忆的活动。其中，商品是有形的，服务是无形的，而创造出的体验是令人难忘的。

与过去不同的是，商品、服务对消费者来说是外在的，但是体验是内在的，存在于个人心中，是个人在形体、情绪、知识上参与的所得。没有两个人的体验是完全一样的，因为体验来自个人的心境与事件的互动。体验经济的灵魂或主观思想核心是主题体验设计，而成功的主题体验设计必然能够有效地促进体验经济的发展。在体验经济中，"工作就是剧院"和"每一个企业都是一个舞台"的设计理念已在发达国家企业经营活动中被广泛应用。

（二）体验经济的特征

体验经济具有如下基本特征。

1. 非生产性

体验是一个人达到情绪、体力、精神的某一特定水平时，他意识中产生的一种美好感觉。它本身不是一种经济产出，难以量化。

2. 短周期性

一般规律下，农业经济的生产周期最长，一般以年为单位；工业经济的周期以月为单位；服务经济的周期以天为单位；而体验经济以小时，甚至以分钟为单位。

3. 互动性

农业经济、工业经济是卖方经济，它们所有的经济产出都停留在顾客之外，不与顾客发生关系。服务经济已经注意到顾客参与的重要性，而体验经济则更注重与顾客的互动，因为任何一种体验都是某个人的身体、心智状态与所筹划事件之间互动作用的结果，顾客全程参与其中。

4. 不可替代性

体验经济的产出物"体验"的需求要素是突出感受，这种感受是个性化的，因为没有哪两个人能够拥有完全相同的体验经历。

5. 映像性

任何一次体验都可能给体验者留下难忘的回忆：一次航海远行、一次极地探险、一次峡谷漂流、一次乘筏冲浪、一次高空蹦极、一次洗头按摩……而且，体验者对体验的回忆超越每一次体验本身。

6. 高增值性

体验经济是一种价值增值的过程。成本不过两元钱的咖啡，在气氛温馨的咖啡屋里，伴随着轻柔的古典音乐和服务人员亲切的笑脸，价格可能达到数十元，顾客也认为物有所值。体验营造的过程，也是价值增值的过程。

7. 非免费性

在成熟的体验经济中，产品的价格不仅与实物商品的价值相联系，消费者还将为体验付费。产品设计者围绕着引人入胜的主题，设计独特的体验，让消费者觉得值得为此付费。

二、体验经济与旅游产业发展

叶朗先生较早地提出："旅游，从本质上说，是一种审美活动。离开审美，还谈什么旅游……旅游活动就是审美活动。"于光远先生同样强调："旅游是现代社会生活中居民的一种短期的特殊的生活方式。这种生活方式的特点是：异地性、业余性和享受性。"他们都强调了旅游活动的休闲性与审美性，这是颇有见地的。我们从中国古代对"游"字的解释中同样可以发现旅游活动的休闲与审美特征。"游"在《说文解字》中被解释为"旌旗之流也"，其本义是旌旗上面的飘带或垂饰物，后引申为自由自在。朱熹对"游"的解释，即"玩物适情"，意为愉悦中的生命体验自由。由此我们可以这样理解旅游的含义：人在旅途（旅）中自由地体验与欣赏（游），旅游的意义就是自由生命的自由体验。

旅游需要休闲的状态、自由的感受、艺术的想象和审美的情趣。阿尔卑斯山上山的公路旁立着一块提示牌，写着"慢慢走，请欣赏"，这正道出了旅游的真谛。日本著名美学家今道友信将审美知觉表述为"日常意识的垂直中断"，这也可以作为对旅游状态的描述。真正的旅游者不应该是浮光掠影、走马观花、直奔目的地的匆匆过客，而应该是玩物适情、情与物游、品位全过程的体验者。这就需要我们在旅游景观的营造、旅游服务的提供等各方面充分地考虑人的休闲、审美与体验的需求。

现代社会，越来越多的消费者渴望得到体验，越来越多的企业精心设计、销售体验。在体验经济中，企业不再仅仅销售商品或服务，它还提供了最终体验并充满感情的力量，给顾客留下难以忘却的愉悦记忆。从这个角度来说，在体验经济时代，顾客每一次购买的产品或服务在本质上不再仅仅是实实在在的商品或服务，而是一种感觉，是一种情绪上、体力上、智力上甚至精神上的体验。旅游作为人们求新、求异、求奇、求美、求知的一种重要途径，本身就是一种体验经济。

体育旅游是体育与旅游的结合，能够实现体育资源和旅游资源的互惠互利。从形式上来说，它是一项旅游活动，而其主要内容则是体育。在体验经济时代，作为最直接的体验方式，运动因其在健身、娱乐、休闲、刺激、参与性等方面的独特魅力而广受欢迎。21世纪无疑是体验经济的时代，旅游行业因其体验的本质而成为体验经济的重要组成部分。游客希望通过旅游获得一次难忘的经历，充满刺激的体育旅游活动，如跳伞、蹦极、攀岩、漂流、潜水、滑草、动力伞、狩猎等，广受欢迎。

三、旅游体验及其分类

大约从20世纪60年代开始，旅游业对体验经济的关注逐渐变成学术界和旅游管理机构研究的重点领域之一。学者们将旅游的本质视为一种体验活动，是旅游者离开常住地去异地获得的经历和感受，它既包括旅游者运用原有知识对客观事物进行分析和观察所获得的心灵共鸣及愉悦的感觉，也包括他们通过直接参与活动而得到的舒畅感，同时旅游者在旅行中通过接触陌生事物而进行学习的过程也是一种体验。

（一）旅游体验的内涵

谢彦君在《基础旅游学》中指出，旅游体验是旅游个体通过与外部世界取得联系从而改变其心理水平并调整其心理结构的过程，这个过程是旅游者心理和旅游对象相互作用的结果，是旅游者以追求旅游愉悦为目标的综合性体验。作为体验的一个分支，或者说是体验的一种特殊类型，旅游体验过程可以被表述为"旅游环境刺激—旅游者对信息的加工融合—旅游体验形成"。

从性质上看，旅游体验类似一种"镜像体验"，即通过目的地这面镜子，旅游者在凝视"他者"的同时，也在认识自我。

从结构上看，旅游体验具有多重层次结构：其一，从时间结构上看，旅游体验包括预期体验、现场体验和追忆体验，呈现阶段性特征，并随时间的流逝而不断升华，进而演化成人们生活经验和精神世界的一部分；其二，从深度结构上看，旅游体验具有一定的层次性，基本可分为感官体验、身体体验、情感体验、精神体验和心灵体验五个层次，越是深度的旅游体验，越能让游客感受到旅游的意义；其三，从强度结构上看，旅游体验通常可被分解为一般性体验和高峰性体验两个层面，越能达到高峰性体验，越能使游客感到旅游的价值。

体验经济是服务经济深化的结果，是通过创造个性化的生活及商业体验而获得利润。体验经济的到来，意味着人类的生产及消费行为都发生了变化。随着旅游业的发展日趋成熟，旅游者的需求也在逐步发生变化。旅游者由缺乏旅游经验，使用标准化旅游产品，发展到逐步对大众旅游产品感到厌倦，更注重个性化的服务，追求灵活性、挑战性和多种选择等。反映在对旅游产品的需求上，过去单一的观光、娱乐旅游产品对旅游者的吸引力日渐衰弱，而休闲化、个性化和参与性强的旅游产品则受到青睐。旅游者的出游行为表现为：更愿意选择当散客而非跟团游；选择个性化定制的旅游产品而非标准化产品；从跟随他人去名胜古迹到自己发现旅游胜地；从"走马观花"式的巡游到"下马观花"式的游览，从旁观到参与，从只重视"到此一游"的结果到同时重视结果与过程，从被组织和被安排到自己组织和自己安排。

体验式营销、体验式消费将继续深化。目前，人们购买的不再只是商品本身，更看重的是商品附加的象征意义。当旅游活动结束时，虽然游客带不走旅游资源，但关于旅游体验的记忆将长久保存，人们愿为这种体验付费，"因为它美好、难得、非我莫属、不可复制、不可转让、转瞬即逝，它的每一个瞬间都是唯一"。对于旅游企业来说，应该做的是像迪士尼创始人华特·迪士尼说的那样："我希望它所带给你的将全部是快乐的回忆，无论是什么时候。"

（二）旅游体验的类型

1. 娱乐（entertainment）

体验经济时代，娱乐是生活的主流。生活中新的娱乐方式不断涌现，游客通过不同的娱乐方式使自身得到放松，忘却苦恼。追求快乐还成为自我实现的价值泛化，正如电影《甲方乙方》讲述的那样，"好梦一日游"公司让痴迷军事的小书贩当了回"巴顿将军"，让想过苦日子的百万富翁当了一段时间衣衫褴褛的乞丐。

按照游客对娱乐活动的参与程度差异，可将娱乐体验分为三种：观赏型娱乐、参与型娱乐和介于二者之间的观赏参与型娱乐。

观赏型娱乐指的是游客主要通过静态观赏的方式，以精神参与的形式来感知娱乐活动，如观看电影、戏剧表演等；参与型娱乐指的是游客主要通过动态的方式，以身体参与的形式来感知娱乐活动，如攀岩、漂流、冲浪等；观赏参与型娱乐是指游客通过静态与动态结合的方式，同时运用精神和身体来感知娱乐活动，如观赏动物的同时进行喂养、拍照或与动物玩游戏等活动。

2. 教育（education）

早在大旅游时代（Grand Tour），旅行就被视为教育的重要手段。我国古代以李白、杜甫为代表的士人漫游，也是将教育和旅游结合的体现。教育和旅游起着相互促进的作用，游客能在旅行的过程中获得知识，在获得知识的过程中又可以提高人们出游的倾向性。

按照游客的旅游目的，可将旅游教育体验分为两类：一类是主观的教育体验，另一类是客观的教育体验。主观的教育体验指的是游客以教育为主要目的，通过参加旅游活动，以满足自己的求知欲，如修学旅游、体验式游学、红色旅游等；客观的教育体验指的是游客的主要目的并非教育，但在旅游过程中无意识地获得了知识。从某种程度上来说，任何形式的旅游都可以扩展游客的知识面，游客不仅可以通过旅游资源获得知识，还可以通过出游接触到不同类型的人。

3. 逃避现实（escape）

在分工细化、操作重复、生活节奏快、工作压力大的现代社会，人们的生理和心理健康遭受了前所未有的严峻挑战。美国哲学家马尔库塞将因为社会异化导致人格畸形的人形容为"单面人"，人们为了摆脱繁重的工作、复杂的人际关系，往往会选择将旅游作为一种自我调节或暂时逃避的手段。

按照游客逃避的原因，可将逃避的体验分为四类：逃避城市环境、逃避日常生活、摆脱工作压力和逃避复杂的人际关系。

逃避城市环境是指人们逃避在城市中因人口密集、交通拥堵、环境污染、资源短缺等因素而导致的压力，而现代科学技术造就的钢筋混凝土的城市也让人有种冷冰冰、硬邦邦的感觉，缺乏亲切感。

逃避日常生活是指人们逃避日复一日的单调生活，如学生"三点一线"（食堂、教室、宿舍）的生活，选择一处远离自己日常生活的地方，寻求新鲜感。

摆脱工作压力则是人们因为竞争激烈的工作导致精神紧张和自信心受挫，希望通过旅游活动来舒缓压力、恢复信心。

逃避复杂的人际关系则是因为德国哲学家海德格尔所说的"人际关系的稀薄化"而导致人情冷漠的"邻居心态"和"假面人"随处可见。通过旅游活动，人们可以结交无利害关系的新朋友，或沉浸在自己的世界里，或去农村享受淳朴的田园式的人际关系。

4.审美（estheticism）

旅游是一项集自然美、艺术美和生活美之大成的综合性审美实践活动。随着物质生活的丰富，个人的可支配收入与空闲时间的增加，大众对旅游审美的需求不断增强。通过审美活动，游客可以陶冶情操和调节心理状态，改善生活品质，促进自身的全面发展。

四、旅游体验的塑造

心理学认为，人是通过感觉、知觉、记忆、思维、想象、学习等环节从外界获取知识的，这些环节被合称为认知。《体验营销》的作者伯恩德·H.施密特（Bernd H. Schmitt）根据消费者的认知过程提出，要根据消费者感觉（sense）、情感（feel）、思维（think）、行动（act）、关联（belate）五个方面，重新定义、设计营销的思考方式。为了使游客获得最佳的旅游体验，景区应在充分了解游客的基础上，推出满足游客内在和外在诉求的产品和服务。

（一）旅游体验塑造的原则

1.真实性原则

真实性在塑造旅游体验方面非常重要，真实的场景和人物有助于游客形成高质量的体验。目前对体验的理论研究主要有"客观性真实""建设性真实"和"存在性真实"三种。

"客观性真实"的观点是强调原汁原味，即对事物原型的体验，比如对真实存在的山、水旅游资源的体验。

"建设性真实"的观点认为旅游目的地的真实性仅是象征意义上的真实性，与"建设性真实"相似的是旅游目的地形象的模式化。比如，苏格兰已经没有多少穿格子裙的风笛演奏者，斐济也没有多少穿草裙的人，但只要苏格兰和斐济向游客包装演绎一下，游客就会有种"真实感"。对于景区来说，应该认真研究游客心目中的"真实性"，而不是自身或当地居民理解的"真实性"。

"存在性真实"的观点认为游客主要是通过旅游活动来寻求真实的自我，感受被激活的生命存在状态。这种体验强调的是"在场"和"参与"，如野营、登山、蹦极等活动，游客更注重的是自己的主动参与，而不太在意旅游资源是否真实。

2.差异性原则

旅游项目建设中应该设法向游客提供具有独特性的东西（包括产品、服务和景区形象等），并且同竞争对手区别开来，力争做到"人无我有，人有我新"。

景区塑造差异化的手段有：① 景区实体产品，景区布局、餐饮、服饰、举止等方面的差异；② 景区主题文化、服务流程、人文关怀方面的无形差异；③ 目标市场定位的差异，准确定位顾客群，有效避免竞争；④ 促销策略，了解游客内在的真实性需要与欲求，采取合适的促销方式给游客强烈有效的刺激。

实行差异化最主要的问题是差异化的持久性，这往往取决于游客的价值观和竞争对手对其的模仿程度。

3.文化性原则

文化是引导景区游客参与活动并进行相关消费的深层次因素，自觉或不自觉地影响着游客的行为。旅游景区要高度重视旅游文化建设，充分挖掘景区的文化内涵。在塑造旅游体验时，景区可以从中国传统文化、本地的地域文化（如风俗、传说、典故、饮食等）方面发掘，同时借鉴外来文化，再辅以景区营造的企业文化，打造一套富有特色的旅游文化体系。

4.参与性原则

没有游客参与，就难以形成高质量的旅游体验，景区的产品设计应考虑游客的参与性。在体验经济时代，游客是消费者，也是生产者。景区要为游客提供一个展示自我的舞台，使他们能更好地置身其中，通过参与各种项目，获得个人的成就感和更精彩的旅游体验。适度的挑战活动能使旅游者忘却自我，全身心地参与到项目中，如坐滑翔机观看景区、走迷宫、野外生存等。

（二）塑造旅游体验的方法

1.感官刺激

旅游认知过程总是从较为低级的感觉、知觉开始，平淡无奇的事物很难引起游客的关注。景区应充分调动人们的五官，有效刺激游客的视觉、听觉、嗅觉、味觉、触觉等，强化游客的体验。

（1）视觉

在人类的所有感觉中，视觉无疑是最重要的，80%以上的外界信息经视觉获得。旅游活动也是从视觉活动开始的，体育旅游景区景点的开发与设计首先必须从视觉角度出发。景区要给游客以赏心悦目、新奇、震撼等视觉体验，在总体布局和局部细化上都要注重视觉冲击感。这需要景区精心设计景观，提高其组合搭配、陈列设计、艺术效果，以及注重色彩的巧妙运用。色觉对于视觉极为重要。饭店大堂、客房设计环节早已充分重视色彩的搭配；国外许多城市利用城市色为城市进行推广，对城市的建筑进行色彩限定，如巴黎的米黄色、伦敦的土黄色。景区也应充分利用色彩对游客的调动作用，如迪士尼会根据各游览区的主题和色彩配以相应颜色的鲜花，游客一进入公园就被色彩缤纷的鲜花所吸引；少数民族多彩的服饰、故宫的金黄和红色主题、普罗旺斯的薰衣草紫色海洋都能给游客留下深刻的印象。需要留意的是，色彩会涉及文化和个体价值观差异的因素，如日本人忌讳绿色而中东大多数国家的人则喜欢绿色，因此在进行色彩设计时要十分注意。

（2）听觉

一般认为，在人类的各种感觉中，听觉的重要性仅次于视觉。人们常说"有声有色"，听觉可以让游客感受到街市和自然的声音。风声、雨声、蝉鸣、鸟叫、蛙声等能让人有种回到自然怀抱的感觉，而山歌、方言、音乐等则会让游客领略到人文之美。对于来自城市的游客而言，很少能感受到自然的听觉美，就这点来说，景区听觉美的重要性并不亚于视觉美。

西方景区往往将声音视为塑造氛围的重要手段，如英国的比米什露天博物馆在经营的过程中，将鸡鸭叫声、咯咯作响的有轨电车、啪啪作响的火堆、嘎吱作响的车辆、铜管乐队的演奏视为勾起人们怀旧情绪的手段；伦敦博物馆包房利用金属管风琴声营造维多利亚时代的气氛；约克郡的约维克博物馆则利用声响效果再现北欧海盗时代。布利斯顿（Burleston）在美国的调查发现，音乐会影响商业交易，舒缓的背景音乐能增加消费金额，而且会延长顾客的滞留时间。在我国的景区中，寒山寺的钟声则是成功的典范，它将文学、宗教、传说与自然很好地结合在一起。另外，"声音品牌化"已成为品牌推广的新手段，美国、日本、新加坡等国家以及中国香港等地区都有"声品牌"景观，我国旅游景区当借鉴国内外的先进经验。

（3）嗅觉

嗅觉具有很强的适应性，但在对新环境的感知中，人的嗅觉是非常敏感的。好的气味能使人精神愉悦，轻松兴奋；难闻的气味则会让人沮丧，而且会使人联想到景区的卫生质量问题。20世纪50年代的东京因没有抽水式厕所而气味难闻，后来因为要举办奥运会而进行了厕所卫生革命，旅游者才大量涌入。厕所环境脏乱、气味难闻是我国旅游业面临的一个难题，进入21世纪，我国推进旅游厕所的建设和质量等级的评定。"气味营销"在景区中的应用有普及之势，如香水喷泉、香雾景观、香水瀑布、芳香走廊、芳香花园等。

（4）味觉

味觉可以满足我们品尝美食的需要。我国旅游景区应充分利用我国烹饪大国的优势，将景区的餐饮条件变成吸引游客的重要手段。味觉还被认为是触发回忆、唤起怀旧情怀的有效方式。英国的比米什露天博物馆利用一些往昔的气味营造工业和乡村文化遗产式的气息，比如，农场中的动物气味、20 世纪 20 年代牙医诊所中的丁香油气味等。

（5）其他感觉

触觉：通过手、足及身体其他部位对物体的触摸，旅游者能将虚幻的感觉真实化，古典文学中常提及的扶栏、倚栏、拍栏杆等动作，就是一种触摸体验。旅游景区中，一些雕像如石狮、铜牛等常满足了客人触摸的欲望，如天安门大门上的铜乳钉个个被摸得发亮。

温度觉：旅游者对气候、温差也很重视，"四季如春"是人们普遍的理想选择。一般来说，气温为 18 ～ 23℃，相对湿度为 65% ～ 85% 的气候是宜人的。对于景区来说，室内温度可以控制，室外温度则很难控制。

痛觉：在一般情况下，痛觉引起的体验是负面的。但在一些特殊的旅游形式中，"以苦为乐"反而成为人们寻求挑战、追求刺激、拒绝生命委顿的一种动力。极限、探险旅游就属于此列，比如，欧美旅游者中有大量的"寻求刺激者"（Thrill-seekers）。对于景区来说，在最大程度地保障旅游者安全的同时，不妨巧妙地在一些挑战性项目上运用痛觉，以达到增强其游览体验的目的。

动觉、平衡觉：动觉在旅游者的娱乐消遣活动中起着重要作用，打球、滑雪、蹦极、冲浪、坐过山车、乘坐交通工具等环节都会产生动觉。动觉能提高游客的旅游热情，增强旅游体验。所以景区在设计旅游产品时，要注意让旅游者"动起来"，切忌只是静态观赏。平衡觉能提高人们的兴奋度，但在设计项目时要尽量避免运动眩晕感（如晕车、晕船等）。

2.在景区中应用感官刺激须注意的问题

（1）感觉的适应性

人的感觉只有在刚发生时才是最强烈的，之后就越来越弱。适应作用与刺激强度也有关，刺激越强烈，适应作用发生得越快。对景区而言，愉悦游客感官不是一劳永逸的事，只有不断地改变刺激强度，感官刺激才能持续存在。

（2）感觉阈限

每种感觉器官都有特定的感觉阈限，刺激太强或太弱都不能引起人的感觉。能可靠地引起感觉的最小刺激强度叫绝对阈限，感觉所能觉察的刺激物的最小差异量叫差别阈限。在设计景区产品时，既要考虑绝对阈限，也要考虑差别阈限，如照明光源的设计需超过 30 Hz，音响设备要保持在 20 ～ 20000 Hz。而在改变产品外观时，要注意差别阈限的计算。

（3）知觉心理特征

感知是认知的底层，它对感觉所获得的信息进行处理，由此引发知觉。而知觉具有选择性、整体性、相对性、组织性等特征，所以感官刺激在不同的游客群体中引发的感知不尽相同，这和个人背景密切相关，如教育、智力、兴趣、期望、个性、需求、文化、社会阶层等。

（4）感官刺激的综合运用

在旅游体验系统的设计过程中，要综合运用各种感官刺激，充分调动人们的五官，有效刺激游客的视觉、听觉、味觉、嗅觉和触觉。同时要注意，针对不同的游客群体，在运用手段上也要有所变化。

3. 特色主题

主题是景区的灵魂，是景区一系列产品组合提炼后的精华。没有特色主题，游客就抓不住景区的特点，只会留下散乱的印象。要策划一个好的主题，需注意以下几个方面。

第一，主题宣传口号要简练易记且能精练概括景区的特征。例如，宋城的"给我一天，还你千年"，既表达出宋城要展示的历史内涵，又朗朗上口；香格里拉的"深呼吸一次，足足回味一辈子"，强调了香格里拉优良的自然条件。

第二，深入挖掘当地文化内涵，开发别具一格的主题。在我国的各个少数民族聚集区，有着大量的民族传统体育活动，如蒙古族的摔跤、赛马，黎族的跳竹竿，藏族的射箭等；还有许多传统的节庆活动，因极具地方特色，而受到旅游者的喜爱。因此，景区要因地制宜地进行文化挖掘，形成独有的文化品牌。

第三，产品整合。景区在主题的统率下，要严密地整合各项产品以加强主题印象。在布局方面，要注意景物的主题分区，塑造立体层次感；在风格上，要注意景物资源与主题的和谐搭配；在游览路线的设计上，要让游客有"畅"的感觉；在产品开发方面，要注重高科技和旅游产品的结合，还要不断翻新，让游客能不断获得新鲜的体验。

4. 提供纪念品

旅游纪念品能满足游客的购物需求，传播地域文化，将景区文化有形化；旅游纪念品还起着无形的广告作用，同时还会延长旅游体验持续的时间。对于游客来说，经历是无形的、容易遗忘的，通过摄影和购买纪念品，游客能将自己的旅游经历保存起来。游客购买纪念品，不仅可以收藏，还可以用来馈赠或炫耀，在与别人分享快乐的同时获得心理上的满足。从这个层面来说，纪念品是一种使体验社会化的方法，人们通过它把体验的一部分与他人分享。

在设计旅游纪念品时，要注重顾客参与，主要有两种方式：一种方式是让游客体会设计者所要传达的意境，从而唤起游客的某种联想，这种联想与游客的旅游活动密不可分，能满足游客某种情感诉求；另外一种方式是让游客自己动手制作，就是人们常说的 DIY。自己动手制作纪念品本身就是旅游经历的一部分，融入了游客的劳动和智慧，使纪念品具有了更高的价值。

旅游纪念品的设计还需要鲜明的主题，纪念品主题的选择，一要从游客的立场出发，二要突出主题的文化性和教育性，三要有差异性，四要紧跟时代，符合潮流。

5.游客参与和模仿

在景区体验塑造中，游客参与和模仿是高质量体验必不可少的手段。通过参与和模仿，游客才能融入主题情境，增强对景区资源的感知和理解，获得深度的旅游体验。

提高游客的参与性，景区须在旅游项目的设计和创新方面狠下功夫，合理分配主动式参与旅游项目、被动式参与旅游项目的比例，设计景区的旅游项目库。在观光类的旅游景区，应注意将观光与参与相结合。景区还可通过满足游客的模仿心理来提供特殊的旅游产品。如美国推出的"模拟战场体验旅游"，让游客配备模拟装备，来模拟抢占高地、强渡河流、潜入森林、沙漠寻踪、巷战、夜战、解救人质、救助伤员等"战场任务"。

第二节　可持续发展理论

可持续发展是人类对工业文明进程进行反思的结果，是人类为了克服一系列环境、经济和社会问题，特别是全球性的环境污染和广泛的生态破坏，以及针对各种关系失衡所作出的理性选择。可持续发展反映了人类对自身以前走过的发展道路的怀疑和抛弃，也反映了人类对今后选择的发展道路和发展目标的憧憬和向往。

一、可持续发展理论的内涵

20 世纪 70 年代初，围绕着"增长极限论"而展开的争论，导致一种新的经济发展理论——可持续发展理论产生。1987 年 4 月，世界环境与发展委员会出版的《我们共同的未来》(*Our Common Future*) 中使用的可持续发展定义为：持续发展是既满足当代人的需要，又不对后代人满足其需要的能力构成危害的发展。1989 年第 15 届联合国环境署理事会通过的《关于可持续发展的声明》(以下简称《声明》) 指出了可持续发展的严格定义："可持续发展，系指满足当前需要而又不削弱子孙后代满足其需要之能力的发展，而且绝不包含侵犯国家主权的含义。

环境署理事会认为，要达到可持续发展，涉及国内合作及跨国界合作。可持续发展意味着走向国家和国际的均等，包括按照发展中国家的国家发展计划的轻重缓急及发展目的，向发展中国家提供援助。此外，可持续发展意味着要有一种支援性国际经济环境，从而促进各国，特别是发展中国家经济的持续增长和发展，这对于环境的良好管理也是具有重要意义的。可持续发展还意味着维护、合理使用并且提高自然资源基础，这种基础支撑着生态抗压力及经济的增长。再者，可持续的关注和考虑，并不代表在援助或发展资助方面有一种新形式的附加条件。"

这份经过发展中国家与发达国家长期激烈辩论而最终得到环境署理事会通过的《声明》，引起了国际社会的重视。1990 年第二次世界气候大会《部长宣言》和 1992 年联合国环境与发展大会《21 世纪议程》等文件关于可持续发展的定义均采用了《声明》所用的提法。

基于以上分析，可以归纳出可持续发展战略的基本内容：① 改变只重视经济增长而忽视生态环境保护的传统发展模式；② 由资源型经济过渡到技术型经济，综合考虑社会、经济、资源与环境效益；③ 通过产业结构调整和合理布局，开发应用高新技术，实行清洁生产和文明消费，提高资源的使用效率，减少废物排放等，协调环境与发展之间的关系，使社会、经济的发展既能满足当代人的需求，又不至于对后代人的需求构成危害，最终实现社会、经济、资源与环境的持续稳定发展。

通过许多曲折和磨难，人类终于从环境与发展相对立的观念中醒悟过来，认识到人类在向自然界索取、创造富裕生活的同时，不能以牺牲人类自身生存环境作为代价；认识到要共同关心和解决全球性的环境问题，并开创了一条人类通向未来的新的发展之路——可持续发展之路。可持续发展是人与环境矛盾运动中形成的唯一正确的发展选择。这种选择不只是学者们在书斋里的议论，而是已被越来越多的人所接受并转变成为长期发展战略决策。由于这种选择关系到全人类的切身利益和长远利益，因而受到全人类的普遍关注。

可持续发展是我国的既定发展战略。改革开放以来，通过实现环境保护这一基本国策，环境与经济的协调发展取得了明显成效，受到国际上的广泛称赞，如"绿色长城"（防护林带）的建设。1992 年联合国环境与发展大会之后，国务院各部门着手研究制定我国的可持续发展战略，也就是《中国 21 世纪议程》。1994 年7 月，在我国和联合国开发计划署于北京联合召开的《中国 21 世纪议程》高级圆桌会议上，国务院宣布将《中国 21 世纪议程》作为我国推行可持续发展战略的指导性文件。这标志着可持续发展已经被郑重地确定为中国长期发展的指导原则，成为我国走向 21 世纪的既定发展战略。

二、旅游可持续发展理论

（一）旅游可持续发展问题的提出

在旅游业飞速发展的过程中，旅游从业者开始认识到旅游与环境和谐共存的重要意义。一方面，旅游业作为整个经济和社会系统的组成部分，在国民经济和社会发展中具有重要的地位和多方面的作用，旅游业本身就是可持续发展目标体系的组成部分。另一方面，旅游业本身的发展也面临着可持续发展的要求：旅游业的发展对人类和自然遗产的依赖，对生态系统稳定性和持续性的影响，以及旅游需求对于人类尤其是对于未来人类基本需求的重要性。旅游业并非真正意义上的"无烟产业"，科学合理地发展旅游业当然符合社会可持续发展的要求，但违背自然、社会规律的片面发展，也会导致旅游业本身不可持续的问题，如旅游吸引物的破坏，文化古迹的大量开发破坏其原有的风貌，有些开发对环境的破坏是致命、永久的，会给后世造成难以弥补的损失。

1990年在加拿大温哥华召开的全球可持续发展旅游大会上，来自全球不同国家和地区、不同部门的官方和非官方的40多名代表，不仅拟定了全球《旅游可持续发展宪章（草案）》，而且将旅游可持续发展明确定义为：旅游可持续发展是引导所有资源管理既能满足经济、社会和美学需求，同时也能维持文化完整，保护基本的生态过程、生物多样性和生命支持系统。1993年，《可持续旅游》学术刊物在英国的问世，标志着旅游可持续发展的理论体系已初步形成。1995年4月，联合国教科文组织、联合国环境规划署和世界旅游组织等在西班牙召开了"可持续旅游发展世界会议"，会议通过了《可持续旅游发展宪章》及《可持续旅游发展行动计划》，这两份文件为旅游可持续发展制定了一套行为准则，并为世界各国推广可持续旅游提供了具体操作程序。

（二）旅游可持续发展的含义

关于旅游可持续发展的内涵，学术界虽没有达成普遍共识，但其分歧并不大。田道勇在总结前人研究成果的基础上对其做了如下定义：旅游可持续发展是指既满足当代人的旅游需求，又不损害子孙后代满足其旅游需求能力的发展。世界旅游组织顾问爱德华·英斯基普认为，旅游可持续发展就是要保护旅游业赖以发展的自然资源、文化资源以及其他资源，使其在为当今社会谋利的同时，也能为将来所用。这些定义基本是围绕1990年在加拿大温哥华召开的全球可持续发展旅游分会上提出来的概念进行讨论的。

综上所述，旅游可持续发展是指以资源和生态环境承受能力为基础，以符合当地经济、文化发展状况和社会道德规范为标准，实现旅游发展与自然、文化和人类生存环境的协调统一，以既满足当代人的需求，又不对后代人满足其自身需求的能力构成危害为目标的发展思想和发展道路。

旅游业可持续发展追求旅游开发的长期价值，以旅游开发的组合效应评价为出发点，强调旅游经济发展和自然生态以及社会承受力的综合统一，使旅游经济的发展建立在长期支撑体系上。正如联合国教科文组织、联合国环境规划署和世界旅游组织等通过的《可持续旅游发展宪章》所说："旅游是一种世界现象，也是许多国家社会经济和政治发展的重要因素，是人类最高和最深层次的愿望。但旅游资源是有限的，因此必须改善环境质量。"

（三）旅游可持续发展的目标

1990 年，在加拿大温哥华召开的全球可持续发展大会旅游组织行动策划委员会会议上，提出了旅游可持续发展的五大目标。大会认为，对旅游可持续发展的目标比较全面系统的表述是：① 增进人们对旅游所产生的环境效应与经济效应的理解，强化其生态意识；② 促进旅游的公平发展；③ 改善旅游接待地区的生活质量；④ 向旅游者提供高质量的旅游经历；⑤ 保护未来旅游开发赖以生存的环境质量。

（四）旅游可持续发展应遵循的原则

《可持续旅游发展宪章》提出："我们认识到旅游发展目标要符合经济期望目标和环境要求，不仅要尊重当地的社会与自然结构，而且要尊重当地的居民。需要建立由旅游界主要参与者参加的有效联盟，使旅游能够对我们共同的遗产担负起更多的责任，这是旅游业的希望所在。"

宪章呼吁国际社会，特别是各国政府、公共当局、旅游界的决策者和专业人士，以及与旅游和旅游者有关的公众与私人社会团体、研究机构，接受其提出的原则（节选）：① 旅游发展必须建立在生态环境的承受能力之上，符合当地经济发展状况和社会道德规范。② 旅游可持续发展的实质，就是要求旅游与自然、文化和人类生存环境成为一个整体；旅游发展不能破坏这种脆弱的平衡关系。考虑到旅游对自然资源、生物多样性的影响，以及消除这些影响的能力，旅游发展应当循序渐进。③ 必须考虑旅游对当地文化遗产、传统习惯和社会活动的影响。④ 为了与可持续发展相协调，旅游必须以当地经济发展所提供的各种机遇作为发展的基础。旅游与当地经济应该有机地结合在一起，对当地经济发展起到积极的促进作用。⑤ 所有可供选择的旅游发展方案都必须有助于提高人民的生活水平；有助于加强社会文化之间的相互关系，并产生积极的影响。⑥ 各国政府和政府机构应该加强与当地政府和非政府组织在环境方面的协作，完善旅游规则，实现旅游可持续发展。

三、旅游可持续发展的理论核心——旅游承载力

（一）旅游承载力的含义

旅游业可持续发展的关键就是解决旅游环境承载力约束问题。旅游承载力也被称为景区旅游容量，它是在一定时间条件下，一定旅游资源的空间范围内的旅游活动能力，即在满足游人最低游览要求，包括心理感应气氛以及达到保护资源的环境标准时，旅游资源的物质和空间规模所能容纳的游客活动量。简而言之，旅游承载力是指一个旅游目的地在不至于导致当地环境质量和来访游客旅游的质量出现不可接受的下降这一前提之下，所能吸纳外来游客的最大能力。

景区承载力强调了土地利用强度、旅游经济收益、游客密度等因素对旅游地承载力的影响，在内容上包括了资源空间承载量、环境生态承载量、社会心理承载量、经济发展承载量、社会地域承载量等基本内容，一个旅游地的旅游承载力是这些承载力的综合体现。

（1）旅游的资源空间承载量：指在一定时间内旅游资源的特质和空间规模能够容纳的旅游活动量。

（2）旅游的环境生态承载量：指在一定时间内，旅游接待地的自然环境所能承受的最大限度的旅游活动量。这种限度一旦被突破，旅游资源所处的自然环境就会被破坏。

（3）旅游的社会心理承载量（感应气氛容量）：是从旅游者的角度来看的，是指旅游者在某地从事旅游活动时，在不降低活动质量的前提下，该地域所能容纳的旅游活动最大量。

（4）旅游的经济发展承载量：现代旅游是经济和社会发展到一定高度的产物，同时各国各地区的旅游接待能力也受到当地的经济和社会发展水平的限制。这种限度就是旅游的经济发展承载量。换句话说，即旅游目的地接待能力超负荷时是否愿意以及是否能够增加基础设施的认识水平和实施能力，具体反映在旅游目的地愿意而且能够为发展旅游业而进行的投资规模的大小，这些投资可涉及旅游者吃、住、行、游、购、娱等方面的一切直接和间接设施。

（5）旅游的社会地域承载量：由于每个旅游接待地区的人口构成、宗教信仰、民情风俗和社会开化程度不同，每个旅游地的居民和与之相容的旅游者数量和行为方式也不相同，二者之间可能存在一个最大的容忍上限，这个限度被称为社会地域承载量。

（二）旅游景区承载力的重要性

为了避免旅游景区因超量接纳外部的强制输入而导致景区生态系统失衡，旅

游景区承载力指标对旅游景区接待地的旅游者活动和旅游产业活动，如接待人数、空间分布、旅游者行为等做出了一定的规定。旅游景区承载力是景区规划发展的前提。

第一，确定旅游景区承载力是景区接待游客的前提。旅游资源的不可再生性大大削弱了旅游景区资源所能容忍的旅游活动强度。有些旅游资源是遗留下来的重要资源，具有重要的保护价值。景区资源的保护必须作为生存与发展的头等要事，旅游活动的开展必须考虑资源保护的合理承载力要求。

第二，旅游心理容量是以服务旅游者的满意度为基础的。旅游心理容量包括旅游者的直接旅游心理容量（感知容量）和旅游地居民的相关旅游心理容量，即游人的数量应限制在不破坏游兴和心理快适的范围之内，否则就达不到旅游的目的。

第三，对景区环境承载力的把握是走可持续发展道路的有力措施。旅游环境承载力是指在不会导致一定的旅游时间和地域内的生态环境发生恶化的前提下景区所容纳的旅游活动强度。生态承载力是衡量景区生态环境能否保持可持续发展的一项重要指标。

第四，旅游社会承载力是游客与景区居民增强交流的渠道。社会承载力是指由接待地的构成、宗教信仰、风俗、生活方式、社会开化程度等所决定的当地居民可以接纳和容忍的旅游活动强度。随着旅游业的不断成熟与发展，景区居民与有多种背景的旅游者的接触与交流加强了，增强了彼此的了解。旅游者的意识在影响和改变着居民的各种观念，也给居民带来了经济的繁荣和生活方式的巨大改变，这样就会使居民对旅游者的接纳能力不断提高，社会承载力也不断增加。

第五，旅游经济承载力是提高景区效益的有力保证。旅游经济承载力涉及的范围比较宽泛，有设施承载量、旅游开发的能力、当地与旅游业相关的产业、投入旅游业的资源、发展旅游业对某些产业的限制等。一般以设施承载量作为衡量旅游经济承载量的主要方面，它决定了接待游客的数量、旅游活动强度以及旅游经历的质量。旅游景区的设施应以满足游客的需求为基础，这样即使在旅游高峰期，景区食宿设施和容量也能够保持供求平衡，不会对景区造成困扰，限制景区的发展。

第三节　利益相关者理论

一、利益相关者理论的含义

（一）利益相关者理论的产生与发展

利益相关者理论是 20 世纪 60 年代起源于英美等西方国家的一种管理理论，进入 20 世纪 80 年代以后，其影响开始扩大，并促进了企业管理理念和管理方式的转变。英籍女学者彭罗斯（Penrose）在 1959 年出版的《企业成长理论》中提出了"企业是人力资产和人际关系的集合"的观念，从而为利益相关者理论的构建奠定了基石。直到 1963 年，斯坦福大学研究所才明确地提出了利益相关者的定义："利益相关者是这样一些团体，没有其支持，组织就不可能生存。"在今天看来，这个定义是不全面的，它只考虑到利益相关者对企业单方面的影响，并且利益相关者的范围仅限于影响企业生存的一小部分。但是，它让人们认识到，除股东以外，企业周围还存在其他一些影响其生存的群体。在此之后，学者们从不同的角度对利益相关者进行定义。其中，以美国学者弗里曼（Freeman）的观点最具代表性。1984 年，弗里曼出版了《战略管理：利益相关者管理的分析方法》一书，明确提出了利益相关者的概念和利益相关者管理理论。弗里曼认为，利益相关者是能够影响一个组织目标的实现，或者受到一个组织实现其目标过程影响的所有个体和群体。与传统的股东至上主义相比较，该理论认为任何一个公司的发展都离不开各利益相关者的参与，企业追求的是利益相关者的整体利益，而不仅是某些主体的利益。这些利益相关者包括企业的股东、债权人、雇员、消费者、供应商等交易伙伴，也包括政府部门、本地居民、当地社区、媒体、环境保护主义等压力集团，甚至还包括自然环境、人类后代、非人物种等受到企业经营活动直接或间接影响的客体。这些利益相关者都对企业的生存和发展注入了一定的专用性投资，他们或是分担了一定的企业经营风险，或是为企业的经营活动付出了代价，企业的经营决策必须要考虑他们的利益，并给予他们相应的报酬和补偿。企业的发展前景有赖于对利益相关者不断变化的利益要求的回应质量。因此，管理者必须从利益相关者的角度来看待企业，这样才能达到持续发展。

（二）利益相关者的分类

有关利益相关者的划分方法，目前较为常见的有多锥细分法和米切尔评分法。

1.多锥细分法

多锥细分法是指，利益相关者可以被企业从多个不同的角度进行细分，不同的利益相关者对企业的影响是不同的。

20 世纪 90 年代中期，国内外很多专家和学者采用多锥细分法从不同角度对利益相关者进行了划分。弗里曼认为，利益相关者由于所拥有的资源不同，会对企业产生不同影响。他从三个方面对利益相关者进行了细分：① 持有公司股票的一类人，如董事会成员、经理人员等，被称为所有权利益相关者；② 与公司有经济往来的相关群体，如员工、债权人、内部服务机构、雇员、消费者、供应商、竞争者、地方社区等，被称为经济依赖性利益相关者；③ 与公司在社会利益上有关系的利益相关者，如政府机关、媒体以及特殊群体，被称为社会利益相关者。

弗雷德里克（Frederick）根据利益相关者对企业产生影响的方式来划分，将其分为直接的和间接的利益相关者。直接的利益相关者就是直接与企业发生市场交易关系的利益相关者，主要包括股东、企业员工、债权人、供应商、零售商、消费者、竞争者等；间接的利益相关者是与企业发生非市场关系的利益相关者，如中央政府、地方政府、外国政府、社会活动团体、媒体、一般公众等。查克汉姆（Charkham）于 1992 年按照相关群体与企业是否存在交易性的合同关系，将利益相关者分为两类，即契约型利益相关者，包括股东、雇员、顾客、分销商、供应商、贷款人；公众型利益相关者，包括全体消费者、监管者、政府部门、压力集团、媒体、当地社区。

威勒（Wheeler）于 1998 年从相关群体是否具备社会性以及是否直接由真实的人来建立与企业的关系两个角度，将利益相关者分为四类：① 首要的社会性利益相关者，他们具备社会性和直接参与性两个特征，如顾客、投资者、雇员、当地的社区、供应商、其他的商业合伙人等；② 次要的社会性利益相关者，他们通过社会性的活动与企业形成间接联系，如居民团体、相关企业、众多的利益集团等；③ 首要的非社会性利益相关者，他们对企业有直接的影响，但不与具体的人发生联系，如自然环境、人类后代等；④ 次要的非社会性利益相关者，他们不与企业发生直接的联系，也不作用于具体的人，如环境压力集团、动物利益集团等。

2. 米切尔评分法

美国学者米切尔明确指出，有两个问题居于利益相关者理论的核心：一是利益相关者的确认，即谁是企业的利益相关者；二是利益相关者的特征，即管理层依据什么来给予特定群体以关注。

米切尔评分法从以下三个属性对可能的利益相关者进行评分，然后根据分值的高低来确定某一个人或群体是不是企业的利益相关者，是不是同一类型的利益相关者。

合理性，即某一群体是否被赋予法律上的、道义上的或者特定的对于企业的索取权。

影响力，即某一群体是否拥有影响企业决策的地位、能力和相应的手段。

紧急性，即某一群体的要求能否立即引起企业管理层的关注。

根据企业的具体情况，对上述三个特性进行评分后，企业的利益相关者又可以被细分为以下三类。

（1）决定型利益相关者。他们同时拥有合理性、影响力和紧急性三个属性。为了企业的生存和发展，企业管理层必须时刻关注并设法满足决定型利益相关者的欲望和要求。典型的决定型利益相关者包括股东、雇员和顾客。

（2）预期型利益相关者。他们与企业保持着较密切的联系，拥有上述三项属性中的两项。同时拥有合理性和影响力的群体——主要的利益相关者，如投资者、雇员和政府部门等；同时拥有合理性和紧急性的群体——依靠的利益相关者，如媒体、社会组织等；同时拥有紧急性和影响力，却没有合理性的群体——危险的利益相关者，如一些政治和宗教的极端主义者、激进的社会分子，他们往往会通过一些比较暴力的手段来达到目的。

（3）潜在型利益相关者。他们是指只拥有合理性、影响力和紧急性三项属性中一项的群体。

国内一些学者也从利益相关者的其他属性对其进行了界定和划分。万建华、李心合从利益相关者的合作性与威胁性两个方面入手，将利益相关者分为支持型利益相关者、混合型利益相关者、不支持型利益相关者，以及边缘的利益相关者。陈宏辉则从利益相关者的主动性、重要性和紧急性三个方面，将利益相关者分为核心利益相关者、蛰伏利益相关者和边缘利益相关者三种类型。

二、旅游利益相关者的构成体系

综合以上利益相关者划分的方法，根据旅游开发所涉及的不同领域利益主体的利益性质、相关程度和影响方式，可将旅游开发的利益相关者分为三个层次，即核心层、支持层和边缘层。

（一）核心层利益相关者

核心层利益相关者指旅游开发过程中的主要群体，他们拥有直接的经济、社会和道德利益。他们通过参与旅游开发，直接影响旅游开发的运行，直接接触旅游者的旅游活动，包括政府（国家、地方政府），旅游企业（投资商、供应商、代理商、员工），旅游者和当地社区。其中，旅游者和当地社区的利益处于最核心位置，因为旅游开发的目的就是为旅游者提供高质量体验和提高目的地社区居民的生活质量。

1.政府

（1）国家旅游利益

体现在国内旅游方面，包括：通过旅游消费拉动经济增长、提高国民素质、促进社会进步、增加就业机会、提高国民生活质量等。体现在国际旅游方面，包括：赚取外汇、平衡国际收支、促进文化交流、提高国家软实力、改善国际关系等。

（2）地方政府旅游利益

主要表现为：发展经济、提高居民生活质量、增加就业机会、提高地方知名度等。

2.旅游企业

在旅游业发展过程中，必须保障旅游企业自身利益。旅游景区景点、饭店及其他住宿设施、运输系统、旅游商品经营企业等，有着大致相似的利益追求：良好的政策环境和合理的经济负担（税收、社区贡献等）；有高素质并热爱旅游业的劳动力资源（主要是当地就业者）；有充足、高质量的客源以保障经营收益（游客数量、停留时间和消费额）。

3.旅游者

旅游者作为旅游产品的消费者，是旅游开发的利益相关者的重要部分。他们在支付相应的成本（如时间、精力等），忍受与接待地的文化冲突以及离开常住地后的各种生活不便的同时，希望能够享受到保质保量甚至物超所值的旅游产品，即"高质量"和"特殊"的旅游体验，旅游过程中的健康与安全得到保障，生活方式、宗教信仰、文化传统受到尊重，预设的自我价值得以实现等；他们还希望自己在目的地的部分开支被用来保护自然和文化遗产，如修复废弃的历史建筑物，使得旅游地的品牌形象得以进一步提升；他们也希望服务企业提供良好的售后服务，保持良好的客户关系。

4.社区与当地居民

在旅游开发中，当地社区在资源、环境、社会、心理等方面都承担了一定的风险。而社区居民将直接体会到旅游业发展给生活带来的变化，旅游业发展的部分成本将直接转移给当地社区居民。因此，旅游开发必须考虑当地社区与社区居民的利益，才能获得相应的支持，从而保证旅游业健康、持续发展。具体而言，当地社区更关注旅游开发过程中的自身利益，包括：充足、卫生的食品，没有污染的水源，医疗保健和健康安全，充足的工作机会和合理的工作报酬，较好的受教育机会，足够和能安全使用娱乐场所的机会等；维护和增强社区的个性，增强当地人的自尊和自信；参与旅游开发决策，提高对其生活的控制力。

5.旅游业从业人员

在旅游业发展过程中，不同行业、不同层次的从业人员，也有自身的利益追求：明确个人的角色、权利和义务，合理的工资和福利，参与决策的权利，以及可期待的职业发展阶段。只有将个人的发展与组织的发展和行业的繁荣结合起来，从业人员的归属感和自我价值才能得以体现。

（二）支持层利益相关者

支持层利益相关者指那些在某一特定的时间和空间能给旅游开发带来机会和威胁的利益相关者，主要包括社会公众、竞争对手、合作者、非政府组织等。他们对旅游开发的影响是间接的，但在信誉、公众形象方面的作用较大。如文化与环境保护组织，它们希望所代言的非人类种群的利益得到充分重视，包括：通过防护、改善、修复和重建被破坏的文化遗产和自然环境等达到保护文化遗产和环境的目的；通过发展旅游业拯救濒临失传的非物质文化遗产（民俗、民间艺术等）；鼓励人们对历史建筑、遗址等有形文化遗产进行保护，并为这些活动提供资金；激励人们去关心环境，提高环保意识；提倡人类活动对环境、资源的影响仅限于边缘区域，或者以一定的方式对这些影响进行补偿。

（三）边缘层利益相关者

边缘层利益相关者指潜在的、非人类的、间接作用于旅游开发和旅游业发展过程的利益主体。受旅游开发资源配置和使用行为影响的对象，包括人类的和非人类的、现实的和潜在的，以及影响旅游开发的宏观环境——政治、经济、社会、文化和技术环境等，这些都是旅游开发的利益主体，即边缘层利益相关者。此外，还有利益相关者各方共同关注的问题：地方交通、通信和其他基础设施的改善，本地居民与旅游者之间的关系（如旅游开发对文化的影响或对基础设施的共同利用问题），土地利用的分配问题（居民居住用地、接待设施用地、农业及娱乐用地、狩猎和保护区、野生动物栖息地等），当地居民生活质量的提高，政府税收增加，地方声誉提高，等等。体育旅游业的发展涉及众多的利益相关者，在它的发展中必然会有各种利益主体的博弈。在体育旅游项目开发的过程中，必须把这些利益相关者充分吸纳进来，并且尽力维护各方利益，才能使旅游业持续、健康地发展。

第四节　旅游地生命周期理论

一、旅游地生命周期理论的内涵

产品生命周期（product life cycle，简称 PLC），是把一个产品的销售历史比作人的生命周期，要经历出生、成长、成熟、老化、死亡等阶段。就产品而言，也就是要经历一个开发、引进、成长、成熟、衰退的阶段。被学者们公认并广泛应用的旅游地生命周期理论是 1980 年由加拿大学者巴特勒（Butler）提出的。巴特勒在《旅游地生命周期概述》一文中，借产品生命周期模式来描述旅游地的演进过程。他提出，一个地方的旅游开发不可能永远处于同一水平，而是随着时间变化不断演变的。巴特勒用一条近 S 形的曲线的变化，说明不同发展阶段旅游地的发展状况：有的时候旅游地的来访者人数处于上升状态，有的时候来访者的人数则处于下降状态。巴特勒认为，每个旅游地都将经历资源发现→开发启动→快速增长→平稳发展（巩固和停滞）→回落与复苏的过程，这个过程存在五个连续的阶段，就如同一个人的人生一样。

（一）资源发现期

资源发现期主要是少量的探险者、科考者进入旅游地，由于旅游地开发尚未启动，旅游资源还未成为旅游产品，很少有专门的旅游服务设施。此阶段也称旅游地发展的探索阶段（exploration stage），此时可以看到一些关于旅游地资源的摄影作品、科普科研文章、文学作品、绘画作品等，但都是纯粹的资源介绍，毫无商业营销意味，当地居民对外来者感到百般新奇并热情欢迎。

（二）开发启动期

旅游地的发展进入开发启动期，旅游业投资主要来自本地区，旅游资源正在转化为旅游产品。随着旅游地基础设施和旅游设施建设的投入，旅游地社区居民在就业、为建设者和游客提供服务方面都获得了前所未有的利益，因而对旅游开发充满热情。投资者为了得到回报和滚动开发资金，开始了大规模的营销，旅游地的知名度大增，游客大量涌入。此时旅游开发对社区环境的破坏已经开始了。

（三）快速增长期

这个时期的特点是旅游产业飞速发展，回笼货币量大，旅游业对当地经济拉动大，游客人数也快速增长，各旅游景区普遍超过环境容量，资源、环境、设施的压力大，旅游地的形象已被牢固地树立起来。随着投资资本大规模进入，风景区的"圈地运动"节节升温，新的投资项目不断出现，旅游地的房地产迅速升值。社区居民的生活条件得到基本改善，但与他们的期望值相差较大。特别是外地投资者的大量进入使社区居民的就业受到来自外地的训练有素的管理者和技术人员的威胁，他们的就业环境反而不如开发期时好，所从事的多是技术含量不高的工种；同时物价上涨，一切都要以金钱来交换，使社区居民在经济地位上更彻底地沦为"被剥夺者"。外地商人的进入也使社区居民的低水平的商业服务在竞争中占不到便宜。因而社区居民的不满情绪在滋长，特别是他们对投资者和游客的不满情绪大增，进一步影响了游客与社区居民的沟通。

（四）平稳发展期

这个时期可分为巩固和停滞两个阶段。

巩固阶段（consolidation stage）：旅游人数增长速度下降，但总量依然保持增长，社区的经济、社会、环境问题严重。为了缓和旅游市场季节性差异，投资者开拓新的旅游市场，并出现更多的旅游广告。

停滞阶段（stagnation stage）：旅游人数高峰来到，已经达到或超过旅游容量。旅游地依赖比较保守的回头客。人造景观大量取代自然景观，文化吸引物、接待设施过剩；大批旅游设施被商业化地利用，旅游业主变换频繁；酒店之间抢夺客源现象严重，市场混乱，低价竞争导致社区服务质量大幅下降。旅游地可能出现环境、社会、经济问题，社区居民对游客产生反感。

（五）衰落或复苏时期

衰落阶段（decline stage）：旅游者流失，旅游地游客数量依赖邻近地区的一日游和周末双日游的旅游者来支撑。旅游地财产变更频繁，旅游设施被移作他用，外来投资者将资金大量撤出，地方投资重新取代外来投资而占主要地位。

此外，旅游地在停滞阶段之后，也有可能进入复苏阶段（rejuvenation stage）。在此阶段，全新的旅游吸引物取代原有旅游吸引物。要进入复苏阶段，旅游地的吸引力必须发生根本的变化，要达到这一目标有两条途径：一是创造一系列新的人造景观；二是发挥未开发的自然旅游资源的优势，重新启动市场。

在衰落或复苏时期，由于景区开发的方式和成效差异，可能存在多种不同情况：①旅游地经过深度开发，卓有成效，游客数量继续增加，市场扩大，很快进入上升期，进入新的一轮生命周期；②景区限于较小规模的调整和改造，游客数量小幅增长，复苏幅度缓慢，注重资源保护，市场得到整治；③重点放在维持现有景区容量，避免游客数量出现下滑，旅游地继续平稳发展；④过度利用资源，不注重环境保护，导致竞争能力下降，游客数量显著下滑；⑤战争、瘟疫或其他灾难性事件的发生也会导致游客数量急剧下降，旅游地元气大伤，渐为人们所遗弃。

二、旅游地生命周期理论的应用

英国旅游地理学家库珀认为，旅游地生命周期理论是一个能合理地解释旅游地发展的模型；在指导旅游地规划和管理方面，该理论能为管理者提供长远的思想以及揭示各个阶段不同变化的影响力；但作为预测工具，该理论没有得到多少发展而且可能难以得到发展。

（一）旅游地生命周期的影响因素分析及控制调整

如果对影响旅游地生命周期的因素进行归纳，我们至少可以看到四方面的因素在很大程度上决定着旅游地生命周期的具体模型：吸引力因素、需求因素、效应因素和环境因素。这些因素以不同的方式、作用强度和作用时间，对旅游地生命周期施加影响。

1.吸引力因素及其调整控制

旅游地吸引力是旅游地可持续发展的重要决定因素。旅游资源的吸引力一方面决定着旅游地对旅游者的吸引力的大小，吸引力越大，旅游地生命周期越长；另一方面决定着对当地旅游从业者的吸引力，通过激发其从业积极性，促进旅游业发展。要增强旅游地的吸引力，需在其生命周期的不同阶段采取不同措施：① 在探索期和起步期，确保旅游产品规划的特色性和文化性，以促进旅游地的快速起步；② 从发展期到成熟期，增强资源吸引力，提升资源的综合功能，加强旅游地的综合吸引力；③ 从成熟期到停滞期，更新旅游吸引物，提高市场吸引力，建立相关支持和保障体系，提高后续发展能力。

2.需求因素及其调整控制

需求是旅游地生命周期演变的重要影响因素，尤其在开发论证阶段，需求论证是决定开发可行性的直接因素。需求因素本身受多种因素的影响，如消费观念、空闲时间、可支配收入、新的景点的出现、旅游地环境和服务质量的变化等。由于需求本身的复杂性和难以测量性，需求研究难以取得准确而全面的结论，这种情况在我国旅游开发实践中是有经验教训的。一方面，在主观上没有对需求特征进行细致深入的研究；另一方面，在客观上又缺乏从事市场研究的专家，致使许多旅游地开发项目缺乏应有的需求基础，最终导致经营上步履维艰，甚至关门谢客了事。

通过调整需求因素来调节旅游地生命周期，可以采取如下措施：① 在开发初期，充分研究市场需求，采取以市场为主导的开发策略，确保项目的可持续发展；② 在成长期、稳定期，采取以树立旅游地品牌为主的发展策略，同时关注市场变化，调整营销策略，保持并继续扩展客源市场规模；③ 在停滞期，通过选择放弃策略、收割策略或者创新策略来重塑吸引力，争取避免衰退或者转入复苏阶段，实现新的循环。

3.效应因素及其调整控制

效应因素包括经济效应和社会效应。

经济效应对旅游生命周期的影响，可以集中反映在两个方面。一方面，持续的积极的经济效应，会对旅游地的开发经营者和社区乃至社会产生积极的影响，不仅可以使旅游地加速步入发展、巩固和成熟的阶段，增强其维持繁荣期的能力，而且可以促进旅游地的深度开发；另一方面，任何消极的经济效应，都将最直接地构成经营者自身的经营阻力并引发外部社会的负面反应，而这种状况只能使一个旅游地的衰退期加速到来。

社会效应在某些情况下确实足以影响旅游地的生命周期。一般而言，在旅游地的早期探险和随后的大规模开发阶段，由于旅游者群体大多由一些具有冒险精神、不因循守旧的人构成，他们通常都能积极适应旅游地的风俗习惯和社会规范，加之他们的出现给旅游地创造了又一个了解外部社会的渠道，因此，他们对旅游地生命周期的影响主要是正面的。而在旅游地发展达到饱和或进入停滞期时，旅游的大众化对地方文化的冲击趋于深刻，因此旅游者对地方社会的各种习俗和规范的适应性就差，由此而引发的种种社会摩擦，就可能潜在地或现实地加速旅游地衰退期的到来。

要处理上述效应因素所引发的问题，旅游地必须树立可持续发展理念：① 在最初的酝酿期和开发规划阶段，应当以可持续发展理论为指导；② 在后期其他阶段，大力推行可持续发展措施；③ 在整个生命周期都应该大力推行可持续发展战略。

4. 环境因素及其调整控制

环境因素是指旅游地的内部组织环境、外部经营环境以及宏观环境。内部组织环境，包括企业组织结构、地方管理部门、人力资源状况等；外部经营环境，包括政府投入、招商引资、市场开放程度等；宏观环境，包括旅游政策法规、社会舆论导向、重大事件等。

针对环境因素的影响，旅游地的政府、管理部门和旅游企业需要制定相应的调整控制措施：① 在起步期和成长期，政府制定相关政策，优化环境，做好营销；企业做好投资分析，调整组织结构，改变经营方式。② 在发展期和成熟期，树立品牌，促进各发展要素的整合升级；企业通过优化组合，完善内部组织环境。③ 在衰退期，采取调整措施。此外，旅游地的自然环境也会影响旅游地的生命周期。

旅游地的环境效应是一个日益引起人们关注的问题。以往人们倾向于认为旅游是一种不引发环境负效应的活动。可是，越来越多的事实表明，旅游会对环境造成非常严重的负面影响。这主要因为：① 旅游对环境的依赖十分强烈，或者说被开发的旅游地往往是为满足旅游者追求原始、自然或新奇的环境的需要而建设在自然环境和生态系统保存得最完好的地区的。正是由于旅游者的介入，才引发了一系列环境和生态问题。② 旅游本身因交通、对资源的需求、废物排放、土地利用、旅游者活动等因素而直接对环境造成不同形式和程度的影响。单从这两个方面而言，可以肯定的是，一个本来为满足旅游者消费需求而开发出来的旅游地，如果因管理不善而产生严重的环境问题，就意味着旅游者前往该地的初衷在事实上已无法得到实现，加之环境问题所引起的社区各种利益集团的负面反应，就必然会加速旅游地衰退期的到来。

对于旅游地生命周期的这一理论模型，西方学者一直在进行实证性的探索。尽管他们都在不同程度上发现了这个理论模型与实际情况之间存在的差异，但他们的研究成果都支持这一理论的一般观点。实际上，旅游地生命周期曲线的具体形状虽然因旅游地自身的发展速度、可进入性、政府政策以及竞争状况等因素的不同而各有差异，但每个旅游地都难免要经过"早期探险""地方参与""发展""巩固""停滞""衰退"这几个阶段。能够满足各个时代的旅游者口味的度假地实际上是不存在的。然而，从经营的角度而言，没有一个旅游地的经营者不期望他所开发经营的旅游地能在为他提供利润的前提下尽可能长久地生存下去。我们虽然相信使旅游地"永生"是不可能的，但也相信，在弄清了影响旅游地寿命长短的因素进而做出明智决策之后，使旅游地"长寿"的目标是不难达到的。对旅游地生命周期的控制和调整，实际上就是对相关影响因素的作用力和作用方向进行控制和引导，最大限度地发挥这些因素对扩展旅游地的生命周期的积极影响。

第三章 生态旅游经济

第一节 生态旅游的概念与内涵

一、生态旅游的概念

"生态旅游"是一个外来词汇，其英文为 ecotourism 或 ecological tourism。经过几十年的发展，生态旅游理论研究已经形成了一些比较有影响力的基本框架和方法，但是总的来说，生态旅游还处于发展初期，离成为一门成熟的学科还有很大距离，最突出的表现就是，对于研究的基础——生态旅游的定义，目前还没有一个完整的、普适的或令大多数人信服的定论。据不完全统计，国际上与生态旅游相关的定义有 140 多种，国内学者提出的定义也有近 100 种。人们所指的生态旅游可能是一种活动、一种产品、一种哲学、一种市场方法、一个标记，也可能是一系列原则和目标。正如某学者所说，生态旅游的概念就像是画在沙滩上的一条线，其边界是模糊的，而且被不断地冲刷、修改。

生态旅游概念的广泛传播在很大程度上应归功于美国世界自然基金会的研究人员伊丽莎白·布（Elizabeth Boo），她于 1990 年提出，生态旅游是以自然为基础，涉及学习、研究和欣赏等特定目的而到受干扰比较少或没有受到污染的自然区域所进行的旅游活动。她强调生态旅游是一种旅游活动，旅游的对象是自然区域，旅游过程是一个学习的过程。

几十年来，具有不同学科背景的专家从不同的角度对生态旅游进行了定义，这些定义各有侧重。最流行的关于生态旅游的定义有以下几种。

1.国际生态旅游协会的定义

1993 年，国际生态旅游协会将生态旅游定义为：为了解当地的文化与自然历史知识，有目的地到自然区域所进行的旅游，这种旅游活动在尽量不改变生态系统完整性的同时创造经济发展机会，让自然资源的保护在财政上使当地居民受益。

2. "绿色环球21" 的定义

绿色环球21是目前全球唯一的旅游行业世界性认证体系，是当今世界上唯一涵盖旅游全行业的全球性可持续发展标准体系。其对生态旅游的定义为：着重通过体验大自然来培养人们对环境和文化的理解、欣赏和保护，从而达到生态上可持续的旅游。该定义强调生态的可持续性，强调以体验大自然为核心。

3. 世界自然保护联盟的定义

世界自然保护联盟在1996年提出的定义是：在一定自然区域中进行的有责任的旅游行为，为了享受和欣赏历史的和现存的自然文化景观，这种行为应该在不干扰自然地域、保护生态环境、降低旅游的负面影响和为当地人口提供有益的社会及经济活动的情况下进行。

此外，1997年版的昆士兰生态旅游规划将生态旅游定义为：生态旅游是一种包含了自然环境教育和解说的自然旅游，对其管理应以生态可持续性为目标。而2008年版的昆士兰生态旅游规划将生态旅游的定义更新为："生态旅游包含一系列基于自然的活动，使游客可以欣赏和理解自然与文化遗产，对这些活动应本着生态、经济、社会的可持续原则进行管理。"

"生态旅游" 这一概念在20世纪80年代传入我国，目前国内对生态旅游的定义有100多种。

纵观国内外学者提出的生态旅游定义，概括起来主要有六种类型：保护中心论、居民利益论、回归自然论、负责任论、原始荒野论、环境资源论。

处于不同经济、文化、政治、技术环境中的人们由于不同的需求赋予了生态旅游不同的定义，同时生态旅游处于不断发展变化中，人们对其的认识也是一个不断演进的过程。因此，所有这些看待生态旅游的动态视角对于生态旅游的实践都有着各自的意义。我们没有必要强行把所有的定义完全统一起来。因此，对于生态旅游定义的认识，比较科学的方法是寻找它们的共同点，在把握生态旅游特质的基础上形成一些共识。因为国内外关于生态旅游概念的说法虽多，但其内核是趋同的。

二、生态旅游的基本内涵

通过对国内外有代表性的生态旅游概念的分析，我们发现，在对生态旅游概念的认识不断丰富和深化的同时，对生态旅游基本内涵的认识也形成了一些共识，主要体现为四大要点，这四大要点可以帮助我们进一步深刻认识生态旅游的基本概念。

（一）原生系统

生态旅游是一种依赖当地资源的旅游，旅游对象是原生、和谐的生态系统。生态旅游以回归大自然为基调，必须以良好的生态系统为旅游对象物，这里的生态系统不仅包括自然生态系统，也包括人文生态系统。人们带着某一特定目的（如野生动植物观察、现存文化特质欣赏等）到原始的、未受污染的或干扰较轻微的自然地区，以及人与自然和谐共生的人文地区去从事旅游活动，并通过这些活动加强对当地自然和文化的认识。生态旅游是一种以大自然为基础的高品位的旅游活动，在生态旅游活动中，人们注重与自然的感情交流，注重在山林、旷野、海滨等地领略自然的野趣，认识自然的规律，感受自然的恩赐，品味独特的文化，这是生态旅游产生和发展的根本动力。生态旅游不仅能使旅游者返璞归真，享受大自然，在清新、开阔、洁净的环境中休养身心，而且能够了解、研究特定区域内的自然景观、野生动植物以及相关的文化特征，从中获得高质量的旅游经历。

（二）生态保护

生态旅游不仅是一种单纯的生态性、自然性的旅游，更是一种强调保护当地资源的旅游，是通过旅游来加强自然资源保护的旅游活动，甚至是能直接对保护环境做出实际贡献的旅游活动。所以，生态保护一直是生态旅游的一大特点，也是生态旅游开展的前提，并且还是生态旅游区别于自然旅游的最本质特点。虽然生态旅游是在自然旅游的基础上发展而来的，并且二者都将大自然作为资源基础，但它们之间有着本质的区别：自然旅游主要强调的是利用自然资源来吸引旅游者，而生态旅游更强调在享受自然的同时对自然保护作出贡献。例如，狩猎旅游可以是一种自然旅游，但它不符合生态旅游的标准，而在观赏大象和大猩猩等野生动物时，利用特殊掩体或远距离观赏，观赏活动不影响大象和大猩猩等的正常生活的旅游活动则是一种生态旅游。生态旅游是一种对环境保护负有责任的旅游方式，它必须具有促进生态保护和旅游资源可持续利用的特点。因此，生态旅游要有目的地提高旅游景区的旅游环境质量，使人们在享受、认识自然的同时，又能达到保护自然的目的，从而实现人与环境的和谐共处。生态旅游必须和生态环境的保护有机结合起来，强调在维护良好环境质量的前提下开展旅游，而不能把生态消费摆在首位，不能以牺牲环境为代价。

（三）社区参与

生态旅游是一种维系当地人民生活、强调社区的参与和利益的旅游。生态旅游除了是一种提供自然旅游体验的环境责任型旅游，也有繁荣地方经济、提高当地居民生活品质、尊重与维护当地传统文化的完整性的重要功能。

如前所述，国际生态旅游协会对生态旅游的定义认为生态旅游是"具有保护自然环境和维系当地人民生活双重责任的旅游活动"。这一定义首次把当地社区居民及其在发展中的权利保护提出来，在这一创新点的基础上，生态旅游逐步演化为社区参与模式。

（四）环境教育

生态旅游与环境教育的关系主要表现为以下两点。

一是生态旅游是进行生态环境教育的知识之旅。生态旅游具有认识、保护自然和文化遗产的功能，强调对自然生态和文化多样性以及当地社会负责，有较强的生态环境教育功能，是一种可行的生态环境教育新途径。生态旅游可以是一个进行生态环境教育的无形的大学校，具有全民性、全程性和终身性，还体现了公众参与性。在生态旅游中进行生态环境教育，大自然是课堂，大自然本身便可唤起游客绿色的思考，让游客体验大自然的和谐、有序，体会"天人合一"的传统文化，达到热爱自然、师法自然、启迪人生的目的，使每一个旅游者从自己做起，从每一件保护自然的小事做起，这种教育的作用将是无穷的。

二是环境教育是生态旅游的基本特征。从一些有代表性的生态旅游定义来看，尽管在生态旅游的特性中，自然性和保护性非常重要，但仅具备自然性的是自然旅游而不是生态旅游，仅重视保护性就很难将生态旅游与可持续发展旅游区别开来，因为生态旅游只是可持续发展旅游的一部分，因此，环境教育是生态旅游的基本特性，是其他旅游形式所不具有的特性。

第二节 生态旅游的特点与原则

一、生态旅游的特点

作为一种新兴的可持续旅游发展形式，与传统大众旅游相比，生态旅游具有鲜明的特征，综合国内外诸多学者和机构的探讨，我们将其概括为以下几个方面。

（一）生态性

生态一词源于古希腊语，意思是"家"或者"我们的环境"。简单地说，生态就是指一切生物的生存状态，以及它们之间和它们与环境之间环环相扣的关系。生态学是研究生物以及生物与其生存环境间相互关系的一门学科。现在生态学已经渗透到各个领域，人们常用"生态"来定义许多美好的事物，如健康的、美好的、和谐的等。生态旅游的产生是伴随着生态学的产生而发展起来的。生态旅游自产生以来就带着"生态"二字。生态旅游即生态环境游，其本质就是创造回归大自然的氛围，追求人地关系的和谐。它的本质决定了其必然是利用生态学原理来协调和平衡旅游开发与资源、环境之间的矛盾的，这也使得其规划原则、开发方式、活动内容、项目建设和产品设计等生态旅游的一系列环节，无不与生态学原理息息相关。其中的每项活动都作为一个生态环节，发挥自己应有的功能，保证这一系统的良性运转。例如，根据景观资源的生态敏感度和阈值的大小对旅游目的地进行合理的功能分区；根据生态学原则、环境影响评价以及感官评价等确定各功能区合理的生态容量，把旅游接待量限制在生态容量允许的范围之内，保持生态资源的生态潜力；利用生态、环保的材料设计建设生态旅游项目，保证设施与环境的协调，提供良好的审美环境；为旅游者提供生态住宿、绿色交通、绿色食品、健康益智的娱乐项目以及诚信友善的服务等。可以说，生态旅游的整个过程都贯穿着生态学原理，以实现生态旅游的可持续发展。

（二）保护性

生态旅游的低环境影响并不意味着没有影响。与传统旅游业一样，生态旅游也会对旅游资源和旅游环境产生负面影响。但是，传统旅游以追求经济效益最大化为目标，而生态旅游是在保护的前提下进行开发。生态旅游就是针对传统大众旅游形式对生态系统产生的严重冲击而提出的，因此，保护性是生态旅游区别于传统旅游的最大特点。生态旅游的保护性体现在旅游业的方方面面。对于旅游开发规划者而言，保护性体现为遵循自然生态规律，以及人与自然和谐统一的生态旅游产品开发设计；对于旅游开发商而言，保护性体现为充分认识旅游资源的经济价值，将资源价值纳入成本核算中，在科学地开发规划的基础上谋求持续的投资效益；对于管理者而言，保护性体现在资源环境容量内的旅游利用，杜绝短期行为，谋求可持续的经济、社会、环境三大效益的协调发展；对于游客而言，保护性则体现为环保意识和自身素质的提高，约束自己的行为，珍视自然赋予人类的物质及精神价值，把保护旅游资源及环境作为一种自觉行为。

（三）高品位性

生态旅游的高品位性体现在以下几个方面。

一是生态旅游者旅游动机和旅游追求的高品位。在对待自然景观时，传统大众旅游者追求的是愉悦感官的自然美，而生态旅游者追求的是理解自然及生命价值的生态美；在对待文化景观时，传统大众旅游者赞美的是人类的"创造力"，而生态旅游者赞美的是人与自然的和谐共生。

二是生态旅游者的高素质。生态旅游者的高素质就是指生态旅游者具有较高的文化、环保及精神需求素质。和传统大众旅游者相比，生态旅游的参与者多为特定族群，往往具有较高的文化素养和知识层次，受绿色环境保护思想的影响较深，已有一定的环保意识和回归大自然的愿望。他们多为大自然美景和奥秘所吸引，力图通过旅游从大自然中探求人生价值和人类前途。他们知识渊博，文化和生活品位较高，具有独立人格，喜欢寻找新的刺激和满足感，是一批相当成熟的旅游者。

三是生态旅游产品的高品位。生态旅游者追求的高品位决定了生态旅游产品的高品位。与传统大众旅游产品相比，生态旅游产品应定位为"真"和"精"两个方面。生态旅游产品不应是"粗放式"开发的旅游产品，而是经过精心设计的高质量、高品位的"真品"和"精品"。"真品"体现为它的"原真性"，即游客追求的是原汁原味的旅游产品和旅游环境。这种产品除了具有极高的美学特征，还传递着大自然的奥秘以及人与自然和谐相处的信息，能够提高游客的环境意识，而移植的、仿制的旅游景观则被视为旅游市场上的"伪品"。"精品"主要体现在旅游产品的质量上，生态旅游者追求的是货真价实的高品位旅游产品，粗放式开发的旅游产品则被视为旅游市场上的"劣品"。

四是生态旅游管理的高质量。传统大众旅游重开发轻管理，管理投资不足，管理质量不高，不注重保护旅游资源及环境。生态旅游则相反，由于强调环境的原生态，其在发展过程中重管理轻开发，把资金重点放在管理上，放在保护管理和服务管理水平的提高上（如定期开展环境监测），解决了传统大众旅游发展上的"缺后劲"的问题，使旅游地能够可持续发展。

（四）专业性

生态旅游是一种高层次的精神享受，生态旅游者对旅游的环境质量具有更高的要求，旅游产品具有更高的科学和文化信息含量，这就要求旅游项目、旅游线路、旅游设施、旅游服务的设计和管理均体现出很强的专业性，对规划设计者、开发经营者、管理者和服务者也提出了更高的要求，要求他们具有更高的专业水平。专业性也是生态旅游资源和环境得以保护和持续利用，以及三大效益协调发展的前提条件之一，例如，一个生态旅游区包含了大量地质、地貌、气象、水文、植物、动物、医学、建筑、环境和健身等科学信息和知识体系，这些丰富的知识能够激发旅游者的求知欲望，使旅游者广泛地参与活动，使审美活动变为旅游者的主动品味、体验和求索活动。旅游者通过观察、体验和研究，可以获得丰富的科学知识。而要实现这些目标，为生态旅游区配备具有较高素质的导游或较高环境素养的环境解说员就是十分有必要的。

另外，生态旅游对科学技术的要求也体现了其专业性的特点。生态旅游是科技含量很高的旅游，生态旅游资源的本底调查、资源信息系统的建立、生态环境的动态监测和影响评估、旅游环境容量的确定以及生态旅游产品的开发设计等，都是在科学技术的密切参与下进行的。某种程度上可以说，生态旅游是知识密集型或技术密集型产业，科学技术是生态旅游发展的基础。离开了科学技术，生态旅游就会偏离方向，无法肩负起使生态资源的保护和利用协调发展的重任。

对生态旅游活动的管理也需要有专业性，包括对旅游者的生态管理，对生态环境和生态因子的生态管理，对旅游设施、设备、场所的生态管理，等等。

（五）限制性

生态旅游是一种特殊设计的旅游活动，为了保证生态旅游各种目标的实现，包括旅游者的高质量旅游体验、对环境影响的最小化等，限制性就成为生态旅游的一个基本特点。一是对游客数量的限制，即要科学计算旅游区的生态环境承载力和环境容量，这就决定了生态旅游在特定的时空范围内是少数人的活动，生态旅游主要吸引那些对环境保护有高度责任感的人参加。二是对旅游设施或建筑的限制，建筑设施应讲究规模小、体量小以及与环境相协调。生态旅游应尽量保持自然属性，不要过度搞人工建筑，更不能使生态旅游区商业化。只有控制好旅游区的游客数量和建筑设施规模，才能保证生态旅游者获得一般大众旅游者无法比拟的康体空间和特殊旅游体验，获得更多、更高的精神享受。

二、生态旅游的原则

（一）国际生态旅游协会的原则

虽然目前对生态旅游的解释多种多样，但是其原则还是基本一致的。国际生态旅游协会通过对生态旅游结果的追踪考察，逐步发展起了一套原则，这些原则为正在崛起的非政府组织、私有企业、学术界和一些旅游目的地社区所接受，具体如下：①把对旅游目的地的自然和文化的消极影响降到最低；②对旅游者进行环境教育；③强调旅游企业责任的重要性，旅游企业应与当地的政府部门和居民合作，以符合当地居民的需求，并分享开发带来的利益；④把部分旅游收益用于自然环境的保护和管理；⑤需综合考虑整个地区的旅游需求，以便于整个地区的游客管理计划的设计，并使此地区成为生态目的地，注重对环境和社会基础资料的研究利用，以便于进行环境评估，同时制订对环境进行长期监测的计划，从而把对环境的消极影响降到最低；⑥力争使该乡村、当地企业和社区的利益最大化，特别是居住在该区域及其邻近地区的居民；⑦力求旅游的发展不超过社会和环境可接受的限度，并在研究者与当地居民的合作中予以决定；⑧充分利用已经存在的与环境相协调的基础设施，尽量减少石化燃料的使用，保护当地植物和野生动物，使基础设施与当地的自然和文化环境相协调。

（二）《国际生态旅游标准》的原则

"绿色环球21"联合澳大利亚生态旅游协会共同制定了《国际生态旅游标准》，

根据该组织的建议，生态旅游需要满足以下八大原则：①生态旅游的核心是让游客亲身体验大自然；②生态旅游应该通过多种形式体验大自然，增进人们对大自然的了解；③生态旅游应该代表环境可持续旅游的最佳实践；④生态旅游应该对自然区域的保护做出直接的贡献；⑤生态旅游应该对当地社区的发展做出持续的贡献；⑥生态旅游应该尊重当地现存文化并进行恰当的解释；⑦生态旅游应该始终如一地满足旅游者的愿望；⑧生态旅游应该坚持诚信为本、实事求是的市场营销策略，以使旅游者形成符合实际的期望。

第三节　生态旅游市场

一、生态旅游市场机制

（一）生态旅游市场的发育特征

1.基础市场大而实际规模小

从希望参加生态旅游活动的人来看，其基础市场是非常大的，世界上有许多人都乐于参加具有生态体验功能的自然旅游活动。据调查，向往自然旅游的人数至少占旅游者总数的70%，另有20%的人喜欢休闲度假旅游，10%的人喜欢文化旅游。但是从目前的情况看，喜欢自然风光但缺乏较高环境保护意识的旅游者大有人在，在近期还难以形成高素质的生态旅游队伍，这极大地束缚了生态旅游市场的发展。

2.要求参与者有较高的环保意识

生态旅游是以保护生态环境为目标的自然旅游，它强调在体验自然的同时要对保护自然作出贡献，这就要求生态旅游者必须有较高的环保意识和觉悟，并能在保护生态环境方面有所行动。能否为保护生态环境作出贡献，是衡量游客是否为生态旅游者的基本标准。

3.生态旅游市场正在成长且发展很快

生态旅游是一项特种旅游，特种旅游是一种细分的市场，它的发展已成为旅游市场发展的主流。生态旅游是发展最快的一种旅游，特别吸引那些关心环境，并希望了解地方生态状况和风俗文化的游客。生态旅游代表了迅速扩展之中的旅游者细分市场，生态旅游市场正在成长，人们的主要兴趣与自然环境和文化传统有关，他们往往为边远的尤其是敏感的地区所吸引。这表明生态旅游是一种正在成长且发展很快的旅游市场，它随着生态教育的加强，特别是城市化和现代化进程的加快，必将逐渐扩展。

4.生态旅游的开展主要在偏远、敏感地区，消费较高

按照生态旅游在空间上的分布特点，它多集中于敏感、偏远的地区，包括原始森林、内陆草原、海滨湿地、地球两极等难以到达的生态敏感区。在这种地区开展生态旅游业，尤其要进行精心规划和管理，即使只有很少的游客对这种旅游感兴趣，也应对他们提出更高的要求，只有这样，才能在保护环境和文化的同时，促进偏远地区经济的发展。到偏远地区的路途长，消费支出较高，因此目前参加偏远地区生态旅游的游客，大多经济条件较好，这和大众旅游形成了明显的反差。

（二）生态旅游市场的培育

1.培养素质高、责任感强的生态旅游者群体

旅游者不仅要热爱大自然，愿意返璞归真，而且应具有很高的环境保护意识，有保护自然、保护环境、保护文化的知识和素养，还必须是愿意用自己的实际行动保护与改善环境的人。这样的旅游者经常被称为"负责任的旅游者"。实际上，热爱大自然的人比较多，但懂得保护环境，能自觉地、真心实意地保护生态环境的人相当有限。针对这种状况，在开展生态旅游时必须进行有效的宣传，说明生态旅游的实质、特点及需要注意的事项，加强培养符合生态旅游条件、具有高素质和高度责任感的旅游者群体。

2.培养既懂旅游开发经营又懂环境保护的高素质的开发商

生态旅游的发展需要借助于生态资源，以及对这些资源进行必要的开发所形成的可以向市场销售的生态旅游产品。但是，和其他旅游资源不同的是，生态旅游资源更加脆弱，对它的开发必须讲究科学性，应采取一切措施使生态平衡不遭破坏，无论何时都应遵循"在保护的前提下开发、在利用中保护"的原则。生态旅游开发商必须懂得只追求经济利益和眼前利益的急功近利的做法是难以保证旅游业可持续发展的。因此，培养一支既懂旅游开发经营又懂环境保护的高素质的开发商队伍，是建立生态旅游市场的重要条件之一。

3.培养对环境保护有诚意的经营者

一般地说，旅游经营者是在向旅游者提供服务的过程中获得经济利益的，而且，他们也会尽量通过各种途径提高经济效益，这是毋庸置疑的。从事生态旅游的经营者，不仅应当是懂经济的行家，还应是个虔诚的环境保护主义者，保护环境应当是他们始终坚持的经营原则。当其获取经济利益的手段、方式与环境保护发生冲突时，他们应当做到毫不犹豫地舍弃自身的经济利益而保全环境和生态。目前一些专门经营生态旅游线路的旅行社，通过尽可能多的手段提高旅游者的环境保护意识，如在组团出游时对旅游者进行专门的培训，讲解注意事项，并印制非常详细的行为规范和行动指南，还有的专门为当地人编写了生态旅游宣传提纲。

4.取得生态旅游目的地居民的理解和支持

生态旅游除了要保护环境，还有一条重要的原则，就是通过生态旅游的开展使当地居民在经济上受益。许多经验证明，让旅游地居民参与生态旅游区的管理和服务，如在导游、卫队、环卫、宿舍管理、餐厅服务、工艺品加工等方面为他们创造更多的就业机会，使他们的生活得以改善，会直接或间接地引起他们对环境保护工作的重视，激发他们参与环境保护的积极性。当然，当地居民参与生态旅游的管理和服务也必须经过严格的培训。

5.建立健全生态旅游管理机制

生态旅游有其特殊性，要想推动生态旅游的正常进行，就需要开发商、经营者和旅游者的共同努力，更为重要的是，要有健全的生态旅游管理机制。这需要管理机构与人员对各个环节进行监督和检查，同时，还需要有比较完善的条例、法规来规范企业行为和个人行为。所有国际组织制定的开展生态旅游的标准、条件以及一些行业组织制定的行为规范都应当纳入本行业的管理机制中，并以通告的形式向社会公布。

二、生态旅游市场营销

生态旅游市场营销是对旅游市场营销的继承和发展，它是在可持续发展思想和社会市场营销观念指导下的旅游绿色营销。生态旅游市场营销是连接生态旅游产品与生态旅游市场的基本环节，也是生态旅游经营管理的中心环节。

（一）生态旅游市场调查

生态旅游市场调查就是以科学的方法、客观的态度，有效地收集、分析与生态旅游市场营销有关的信息、资料，以了解现实生态旅游市场和潜在的生态旅游市场，并为生态旅游市场经营决策者提供客观依据的活动。通过生态旅游市场调查，相关人员能够了解生态旅游市场总体态势和游客对规划区域生态旅游产品的需求状况，为规划者提供第一手材料和可靠信息。

一般来讲，生态旅游市场调查的主要内容有五个方面，即生态旅游者规模及构成调查、旅游动机调查、旅游行为调查、旅游价格调查和生态旅游市场规模调查。

（二）生态旅游市场细分

生态旅游市场细分是指在对生态旅游市场进行调查的基础上，依据生态旅游者在需要、欲望、行为、习惯等方面的差异性，把所面对的生态旅游市场的整体划分成若干个生态旅游者群的市场分类过程。进行生态旅游市场细分，有助于规划者更清晰地认识市场，发现新的市场机会，策划出适销对路的生态旅游产品，有针对性地制定和调整生态旅游市场营销组合策略。

1.市场细分标准

（1）按地理环境进行细分

这种方法是细分旅游市场最常用的一种方式，地理因素包括地区（国际、国内、城市、农村、沿海、内地等）、地理方位（东、南、西、北、中）、城市规模、人口密度、气候等。例如，按照国界可以分为国内生态旅游市场与国际生态旅游市场，其中国际生态旅游市场又可细分为一级市场、二级市场和机会市场。一级市场指的是一个目的地国接待的游客人数在接待总人数中占比例最大的两三个国家或地区的生态旅游市场；二级市场是指在一个目的地国接待总人数中占相当比例的生态旅游市场；机会市场被认为是一个旅游目的国计划新开辟的市场，其特点是该市场的跨国旅游人数每年都在增加，本国人口较少。

（2）按人口属性进行细分

有关人的具体变量有很多，如年龄、性别、职业、收入水平、教育状况、家庭人口、家庭生命周期、国籍、民族、宗教、社会阶层等。经营者和管理者可以根据自身的客观情况，选择一个或几个变量来划分生态旅游市场。例如，根据年龄分，有青少年生态旅游市场、中年生态旅游市场和老年生态旅游市场等。

（3）按心理因素进行细分

生态旅游者在心理上也具有许多不同的特征，如生活格调、个性、性格、兴趣、价值取向等，如果按照这些特征来对生态旅游市场进行细分，就称为"心理细分"，只是这类因素是难以用数字来表示的，而且由于分析问题的角度不同，对心理因素的判别往往也会有很大的差异。如按照中国人的眼光来看，美国人的性格是比较外向、开朗的；而墨西哥人却认为美国人的性格是比较内向、保守的。

（4）按组织形式进行细分

根据组织形式的不同，生态旅游市场可以分为团队生态旅游市场和散客生态旅游市场。研究表明，生态旅游者为了寻求融进大自然的刺激性，他们大多愿意选择散客的出游方式。

2.市场细分的步骤

生态旅游市场细分与其他旅游产品的市场细分一样，一般要经过以下五个步骤。

（1）确定市场范围

确定市场范围的出发点必须是市场需求状况，应当结合旅游地的经营目标和资源条件，分析复杂多样的需求状况，从中大致明确规划区域所能提供的生态旅游产品的市场范围。

（2）排列出潜在生态旅游者的各种需求

根据与地理环境、人口属性、心理和组织形式等分类因素有关的特征，结合以往进行生态旅游市场营销活动的经验以及类似生态旅游产品已有的市场反应，排列出所定市场范围内潜在生态旅游者对一定生态旅游产品的各种需求，特别是要了解生态旅游者对市场上类似生态旅游产品的不满意之处，也就是了解消费者未被满足的需求。

（3）选出市场细分的依据

根据抽样调查的方式，向不同类型的生态旅游者征询意见，让他们从排列出来的需求中挑选出他们最迫切的需求，再选择其中一些因素作为市场细分的依据。为了保证被调查的生态旅游者具有代表性，一是要尽可能考虑生态旅游者的地区分布、人口特征和购买行为等方面的情况；二是要求被调查者人数尽可能多。

（4）进行市场细分

根据不同生态旅游者需求的具体内容差异，按照一定的市场细分方式，将所确定的市场范围划分为几种不同类型的顾客群，经进一步考察与验证后，最后划定各细分市场。

（5）综合评价

对划定的各细分市场进行全面细致的分析，特别是对它的规模、潜力、经济效益和发展前景等做出评价，以便生态旅游经营管理者能正确选择生态旅游目标市场。

（三）生态旅游市场营销策略

在确定了目标市场之后，就应当制定相应的生态旅游营销策略，以吸引更多的游客到规划区域开展生态旅游活动。生态旅游市场策略是营销主体用来实现营销目标的工具，通常要涉及具体的营销措施。营销策略的制定，可使整个生态旅游营销活动有章可循。它对生态旅游营销主体的行为有着极大的影响和制约作用，是营销活动全面开展的起点，因而在整个生态旅游营销活动中占有极为重要的地位。

1.生态旅游绿色产品策略

首先，生态旅游产品的开发是整个营销过程的基础，只有设计出高水平、高知识含量、高品位的生态旅游产品，才能吸引游客进行消费。旅游产品的生命周期是指产品经开发进入市场后，直到被市场淘汰再无生产的可能和必要为止的全部持续时间。作为生态旅游产品，其市场生命周期大致可分为投入期、成长期、成熟期和衰退期四个阶段，每个阶段都会受到诸多内外环境因素的影响。生态旅游营销主体应清楚地认识到这些产品所处的市场生命周期阶段，然后有针对性地采取相应的策略。

2.生态旅游绿色价格策略

价格策略是营销组合中又一项重要的组成因素。价格策略包括价格制定政策和价格管理政策。前者主要考虑如何对生态旅游产品制定适宜的价格以恰当反映供求关系，以及当市场诸多要素变动后生态旅游产品价格的调整；后者则从维护消费者和生产者角度出发，对旅游产品从制定、执行到调整所做的各种监督和管理措施。生态旅游企业在制定旅游产品绿色价格时要树立"污染者付费""环境有偿使用"和"能源节约"观念，把企业用于环境方面的支出计入成本，成为绿色价格构成中的一部分。因此，绿色产品的价格通常应高于非绿色产品的价格，即应略高于一般旅游产品的价格。但是也有学者指出，生态旅游产品的价格如果定得过高，可能会丧失一部分潜在的游客。绿色旅游产品作为一种全新的产品，其定价不仅要考虑包括资源价值在内的成本构成，还要考虑目标消费者的心理和实际购买力。这就对生态旅游企业的定价策略提出了挑战，如何在两者之间找到平衡显得尤为重要。价格优势也有赖于广泛的宣传，如新加坡旅游局针对一些游客觉得本地旅游产品价格高的说法，在宣传册中详细标明支出，与附近的马来西亚等国家对比，证明本地区是物美价廉的旅游市场，收效显著。

3.生态旅游绿色分销策略

分销渠道是连接旅游产品和旅游消费者的桥梁。合理的分销渠道不仅能将旅游产品顺利地销售出去，还能节约流通成本，达到绿色营销的目的。绿色分销策略主要包括产品销售渠道选择、产品营销中介的建立以及产品销售渠道计划的制订三个方面的策略。目前，互联网已成为生态旅游产品绿色分销的重要途径。随着旅游市场竞争的日趋激烈，旅游营销渠道逐渐复杂化、联合化。旅游中间商必须拥有丰富的生态旅游经营组合经验，以及相关的硬件设施。在生态旅游个性需求日益明显的时代，组建专门从事生态旅游的旅行社进行绿色营销与管理势在必行。

4.生态旅游绿色促销策略

绿色促销是宣传、推介生态旅游产品的重要手段，对激发绿色旅游需求，提高生态旅游产品的市场知名度和美誉度起着重要的作用。向生态旅游者（潜在和现实生态旅游者）介绍生态旅游产品、提供服务，激发起潜在需求，促使重复购买，有利于扩大生态旅游产品的市场占有率。其内容包括旅游产品营销计划的制订、促销人员的培训、旅游产品的广告促销、旅游企业的公关销售及售后服务。生态旅游产品的宣传促销十分讲究技巧，掌握促销技巧会起到事半功倍的作用。主要有向生态旅游团队分发事先准备好的、具有艺术内涵的宣传促销材料；准备好生态旅游视听演示材料，并巧妙地确定其使用时间、地点和方法；在生态旅游者所在地区的杂志、报纸、电视、广播电台上打广告；在以旅游批发商和其他旅游行业组织为对象的旅游行业出版物上刊登生态旅游广告；参加全国和地区旅游交易会，并设展台介绍本区生态旅游项目；赴特定的生态旅游目标国家和地区，为当地的旅行社举办推销讲座;邀请并接待旅游批发商和旅游作家、专家、摄影师来本地参加生态旅游活动或学术研讨会,将活动内容及照片刊登在杂志、报纸上;编辑出版反映生态旅游的指南、导游图等;把有关生态旅游的信息上传至国际、国内传播网络上,供生态旅游者随时查阅。

第四节　生态旅游资源

一、生态旅游资源的概念

(一) 旅游资源的概念

旅游资源是一个国家或地区发展旅游业的基础,旅游资源的研究一开始就是旅游研究的重要组成部分。虽然目前对旅游资源的概念尚无公认的说法,但综合分析各种各样对旅游资源的定义会发现,一些学者在某些方面对旅游资源有着较为一致的理解,如强调旅游资源的吸引功能,强调旅游资源的作用对象,指明旅游资源的基本内容,说明旅游资源与旅游业的联系等。基于学术界对旅游资源概念的一些共识,旅游资源的概念可以表述为:旅游资源是指存在于一定地域空间内,具有审美、愉悦价值和旅游功能,能够吸引人们产生旅游动机并实施旅游行为的因素的总和。它们能够被旅游业利用,并且通常情况下能够产生社会效益、环境效益和经济效益。所以,旅游资源又被称为"旅游吸引物(因素)"。

(二) 生态旅游资源的概念类型

由于生态旅游概念本身存在争议,因此作为生态旅游对象的生态旅游资源还没有一个被普遍认同的概念。人们对于生态旅游资源概念的界定呈阶段性,出现了自然型、自然＋人文型和综合型三种生态旅游资源概念。

1.自然型概念

生态旅游传至我国后,我国一部分学者在生态旅游资源概念的界定中严格按照生态旅游的最初要点——生态旅游资源是"自然景物"来思考,认为只有自然的生态系统才是生态旅游资源,出现了只有自然保护区、森林才算生态旅游资源地、才能成为生态旅游资源的局面,由此引出了自然型生态旅游资源的概念。例如,邓金阳、陈德东认为,森林生态旅游系统是生态旅游的主要形式,森林公园和自然保护区是我国生态旅游资源的主体;侯立军从微观区域生态角度认为,生态旅游资源,就是按照生态学的目标和要求,实现环境的优化组合、物质能量的良性循环以及经济和社会的协调发展,并有较高观光、欣赏价值的生态旅游区;马乃喜认为,我国保护自然资源和自然环境的设施(自然保护区、自然公园、人工生态系统保护区和文化遗产保护区），多数都有比较丰富的生态旅游资源；刘继生、孔强、陈娟认为，生态旅游资源主要是指可供游人开展生态旅游活动的自然生态系统，它包括各类自然保护区、各级森林公园、自然动植物园、复合生态区和人工模拟生态区等；汪华斌、周玲认为，生态旅游资源主要以自然生态系统为主要内容，其开发利用的主要目的是为了加强自然环境的保护，促进社区经济可持续发展，生态旅游目的地主要包括自然保护区、森林公园、风景名胜区、自然动植物园、复合生态区以及人工模拟生态区等。

2.自然＋人文型概念

对于我国而言，自然的山山水水已经被悠久的历史文化熏染出了浓浓的文化味，这些区域处处闪烁着人与自然和谐相处的"生态美"光芒。这些附着在物质景观上的文化不仅是生态旅游资源，还是其灵魂，是旅游开发时需要发掘的、吸引游客的精髓。因此，我国生态旅游学者认识到我国的生态旅游资源不仅要包括具有"自然美"的大自然，还应该包括与自然和谐、充满生态美的文化景观，从而出现了自然＋人文型生态旅游资源的概念。例如，廖荣华认为，生态旅游资源是一个天人合一的开放系统，其定义的核心是生态旅游产品，只要有开发为生态旅游产品潜力的事项，无论是自然的还是人文的，是有形的还是无形的，都可以视为生态旅游资源；赛江涛、张宝军认为，凡是能够造就对生态旅游者具有吸引力环境的自然事物和具有生态文化内涵的其他任何客观事物都可以构成生态旅游资源；程道品、阳柏苏认为，生态旅游资源是以自然生态景观和人文生态景观为吸引物，满足生态旅游者生态体验的，具有生态化物质的总称。

3.综合型概念

有些学者在概念研究的过程中发现，在自然型、自然＋人文型概念研究中，有的学者过于重视生态旅游资源中的自然和人文景观而忽视了生态旅游作为一项产业与旅游业和生态旅游效益的关系。因此，这些学者参照了旅游资源的定义，提出了表明生态旅游资源与旅游业和生态旅游效益之间关系的综合型概念。例如，杨桂华、钟林生、明庆忠认为，生态旅游资源，是指以生态美吸引游客前来进行生态旅游活动，为旅游业所利用，在保护的前提下，能够产生可持续的生态旅游综合效益的客体；吴楚材、张朝枝认为，生态旅游资源可以理解为自然界和人类社会中能激发生态旅游者旅游动机，并能为生态旅游业所利用，产生经济效益、社会效益和生态效益的客观存在。

二、生态旅游资源的分类

(一) 自然生态系统旅游资源

1.森林

森林一词具有丰富的内涵。从生态学角度来看，森林是一个生态系统，是指以乔木为主体具有一定面积和密度的植物群落，是生物系统与环境系统之间进行能量流动、物质循环和信息传递，并具有一定结构的特定功能总体。

人类社会发展到今天，森林的旅游价值正在日益被人们认识和利用。风景秀丽、气候宜人的森林有以下几个方面的旅游价值：①富含负氧离子，能使人消除疲劳，促进新陈代谢，提高人体免疫力；②一些植物分泌的芬芳和气味能够杀菌和治疗某些人体疾病；③森林的美景能给人以美的享受，陶冶情操；④森林中千姿百态的景物可以激发人的想象力和创造力；⑤森林中蕴含的大自然奥秘能够激发人们更深层次地认识生命的价值，热爱自然，树立保护环境的意识。从分布上看，森林可分为热带森林、亚热带森林、温带森林和寒带森林；从外貌上看，森林可以分为常绿阔叶林、常绿针叶林、落叶阔叶林、落叶针叶林及针阔混交林，其中针叶林树种的平展树枝、塔形树冠具有较高的旅游审美价值。

森林生态旅游与森林旅游有些不同。森林旅游是指到林区所从事的任何形式的旅游活动，不管这些活动是直接利用森林还是间接以森林为背景，都属于森林旅游的范畴；而森林生态旅游则是符合生态旅游理念的森林旅游活动。森林生态系统以其丰富的自然景观、良好的生态环境、诱人的野趣及独到的保健功能，吸引了越来越多的游客，成为最重要的生态旅游对象之一。

森林生态系统内的景观资源包括自然景观与人文景观两个方面。自然景观有地貌类、水文类、气象类、生物类。其中，生物类景观最为突出，类型也极为丰富，包括植物群落景观、古树名木景观、珍稀动植物景观、奇花异草景观等。人文景观有历史古迹景观、古典园林景观、宗教文化景观、民俗风情景观、文学艺术景观、城市和工业观光景观等。

森林生态系统的环境较为复杂，因此能开发出不少活动项目，如野营、野餐、登山、赏雪、观鸟、滑雪、狩猎、骑马、划船、漫步、垂钓、漂流、探险、摄影、野外生存训练、森林度假、观光和科学研究等，较为典型的形式有森林景观欣赏游、森林浴、植物观赏（奇花异草观赏、珍奇树木观赏、植物物候景观观赏）、野生动物观赏以及野营等。

2.草原和草甸

草原是指在半干旱气候条件下，以旱生和半旱生多年生草本植物为主的生态系统，是最重要的陆地生态系统之一，在全世界广泛分布。世界草原总面积约5 000万平方千米，占陆地总面积的33.5%。草原是一种地带性的植物类型，可分为温带草原与热带草原两类生态系统。热带草原表现为草被上散生稀疏的乔木，即热带稀树草原；温带草原主要以禾本科植物连绵成片分布，缺乏散生乔木，是最典型的草原，旅游审美价值极高。另外还有一种在湿生条件下形成的草甸，草甸据其生境又可分为河流旁的泛滥草甸、次生的大陆草甸以及高海拔山地上的高山草甸，其中高山草甸夏秋之际特有的"五花草甸"景观具有极高的旅游价值。我国草原主要分布于内蒙古高原、黄土高原及新疆，高山草甸大面积分布于我国西部高海拔地区，这些区域同时为我国牧场所在地，富有浓郁的民族风情，是生态休闲度假的好去处。内蒙古的锡林郭勒、呼伦贝尔，四川的阿坝等都是备受关注的草原草甸生态旅游地。

生活在草原的游牧民族，在漫长的岁月河长中，不断与居住地区的自然环境相适应，创造、发展了与农业文化、工业文化并重的牧业文化，也称为草原文化。牧业文化是动态文化，具有开放性、包容性、崇尚力量，在服饰、饮食、住宿、行走等方面均与其他民族有所不同。例如，我国的蒙古族游牧在南起长城、北抵大漠、东达兴安岭、西越贺兰山的广袤土地上，形成了独具魅力的草原文化。

草原生态旅游是以草原生态系统为旅游对象的生态旅游产品。依托辽阔的草原，可以开发的系列生态旅游活动项目有动植物资源观赏、特定地表景观观光、草原文化生态旅游、草原休闲度假、草原越野旅游等。另外，在草原生态旅游过程中还可以组织游客参加骑马、赛驼、射箭、摔跤、垂钓、自行车马拉松、登山、野营、美食、科学考察、生态牧业考察、人工植被重建等活动，增加参与性和趣味性。

3.山地

山地生态系统是由山地中各类生物有机体与无机环境共同组成的一个自然综合体，它包括了众多的子系统，如山地森林、高山灌丛、高山草甸、冻原和流石滩等。由于人类对山地的干扰较平原小，因此山地的景色更自然。海拔较高的山地成为开展登山旅游的理想场所。千姿百态的山地地貌，又是自然生态美的重要组成部分，尤其是我国的石灰岩、花岗岩和砂岩山地，风景更是绝佳。广西桂林的喀斯特峰林景观、安徽黄山和陕西华山的花岗岩造型、湖南张家界的砂岩峰林、福建武夷山和广东丹霞山的丹霞地貌景观闻名中外，东北的长白山和五大连池则以火山地貌景观著称。

4.荒漠

荒漠是指在干旱、极端干旱地区降水量不足200毫米的条件下，地表裸露或植物生长极为贫乏之地，即所谓的"不毛之地"。按其地表组成物质，分为岩漠、砾漠、沙漠、泥漠、盐漠等，其中以沙漠分布最广，砾漠（戈壁滩）次之。荒漠是陆地生态系统中最为脆弱又非常重要的子系统之一。全球的干旱和半干旱地区占到陆地表面积的47%，这些地区不仅拥有丰富的生物多样性资源，还生活着大约2亿人口。由于荒漠特殊的景观及其内部的植被、文化遗迹、居民生活方式等吸引着旅游者前往，因此荒漠地区成为重要的旅游目的地之一。

荒漠生态系统是一种独特的生态系统，干旱是其特征，荒漠中的气候、自然景观以及人类的生产生活方式都显著区别于其他生态系统。在荒漠地区旅行，首先体验到的是气候。荒漠深居内陆地区，远离海洋，加上地形闭塞，四周高山阻挡了海洋的湿润气流深入，导致这里终年处在极端干燥的气候条件下，辐射强烈，日照充足，一年晴天的日数可占70%以上。降水稀少，年降水量通常不超过250～300毫米，最少的只有10毫米。

沙漠是较典型的荒漠景观。细沙随风如流水般涌动，沙漠的瀚海风光以及蜃景都充满了神秘的色彩。沙漠里还有因在风力吹拂作用下或人从沙山向下滑动时发出各种声响而得名的鸣沙山。沙漠地区极富吸引力的景观有"鬼斧神工"的雅丹景观、独特的旱生植物、荒漠地区人类最主要的聚居地——荒漠绿洲以及荒漠遗址等。

荒漠生态旅游是以荒漠景观为对象的旅游项目。近年来，利用荒漠进行旅游开发的前景十分诱人，已逐渐为各国政府所重视。

5.湿地

湿地是介于陆地和水生系统之间的过渡带，《关于特别是作为水禽栖息地的国际重要湿地公约》规定的重要湿地是指潮湿或湿水状的土地类型，它是一种处于水陆交接带的特殊生态系统，主要包括淡水和咸水沼泽、草泽、泥沼、滩涂、洼地积水区等，其与农田、森林并列为世界三大生态系统。湿地生态系统物种丰富，不但在维持当地生态平衡和为一些珍稀动植物（特别是水鸟）提供野生生境等方面具有不可替代的作用，而且也显示出了其作为旅游资源的开发潜力。

湿地生态旅游是以湿地生态系统为旅游对象的生态旅游产品。湿地被称为"地球之肾"，是许多鸟类等动物的栖息繁衍地，具有开展观鸟生态旅游的优越条件。湿地自然观光游、湿地休闲旅游、湿地生态科普教育等，也都是湿地旅游的主要形式。

我国湿地类型多、分布广、区域差异显著、生物多样性丰富，为湿地生态旅游提供了优越的资源基础。如四川若尔盖、黑龙江扎龙、杭州西溪、江苏盐城、江西鄱阳湖湿地等都是湿地生态旅游的代表。

6.水域

水域主要包括河流、湖泊、温泉及海洋等。

河流从其段位上，可分为源头、上游、中游、下游及入海口（外流河）。其中最有旅游价值的是源头、上游及入海口。大河的源头往往位于高海拔地区，如我国的长江、黄河的源头均位于青藏高原。不仅源头特有的迷人风光对游人有吸引力，而且探大江大河之源，也具有较高的科考价值。上游河流多呈"V"形，与两侧近乎直立的山地构成具有险峻之美的峡谷景观，是人们探险、漂流、观光的地方，如我国的长江三峡。上游河流往往多瀑布，气势恢宏的瀑布历来能吸引游客驻足观赏。有的河流的入海口与海潮共同构成了巨大的潮差，显示了自然界的壮丽之美，如我国的钱塘江大潮。世界著名的亚马孙河、恒河、多瑙河、伏尔加河、尼罗河等均有较高的旅游价值，我国的长江、黄河也被辟为黄金旅游线路。

地面上陆地积水形成的比较宽广的水域称为湖泊。湖泊以其烟波浩渺的旷远之美及与周围山地森林共同构成的"山清水秀"的景色，再加上湖滨的湖水潜在的游泳、潜水等水上娱乐功能，使湖泊成为对游客具有很大吸引力的旅游目的地。欧洲的日内瓦湖、中国咸水湖中面积最大的青海湖、淡水湖中面积最大的鄱阳湖、最深的长白山天池等湖泊所在地都是著名的旅游胜地。天然形成的湖泊不仅具有极高的旅游价值，而且还能成为人类农业灌溉的水库，同时，人工湖泊也成为生态旅游开发利用之地。

温泉是指水温超过 20 ℃的泉水。由于温泉是地表水渗透后循环到地表深部，经地温加热形成的，且溶解了大量的矿物质和微量元素，用于沐浴对身体有显著的医用疗效和消除疲劳的功能，故人类很早就将温泉所在地辟为疗养之地，如我国著名的华清池。随着旅游业的发展，人们又进一步开发温泉，使温泉的旅游价值得到了很大程度的提升。现在全国各地均能见到的温泉疗养度假区，是游客享受大自然的好去处。

在海洋和海岸生态旅游中，最吸引游客的是海滨地带。海滨是指滨海的狭长地带，主要指平均低潮线与波浪作用所能达到最上界线之间的地带，由四部分组成：固态的海滩（根据其质地分为砾滩、沙滩和泥滩）、液态的海水、气态的空气、绿色的腹地。海滨的旅游价值较早被人们认识和利用，其中热带优质沙滩海滨所特有的充足的阳光（sun）、温暖的海水（sea）及优质的沙滩（sand）被誉为旅游资源中的上品"3S"。"3S"特有的度假功能使不少海滨地成为世界著名旅游胜地，如美国的夏威夷、泰国的芭堤雅等。中国近几年也大力开发海滨旅游资源，我国的国家级旅游度假区，除少量在内陆地区外，大部分分布在东南沿海的海滨地区。

海洋生态旅游是利用海洋环境开展的生态旅游活动。21世纪是海洋的世纪，海洋和海岛的开发是未来经济发展的大趋向，而与"海"有关的特色旅游项目的开发，亦将成为21世纪旅游休闲业发展的一大新热点。海洋生态旅游产品依据海洋空间的划分标准可分为海滨、海面、海底、海空等不同形式。目前利用海洋资源广泛开展的旅游项目主要有海水浴、日光浴、沙滩体育、品尝海鲜和买海货、帆船运动、滑水、潜水、滑翔等。另外，近些年一些特色生态旅游活动在世界各地开展起来。

（二）人与自然相伴相生的生态系统旅游资源

1.农业类

农业是人类文明的起点，是人类社会适应自然、改造自然的最初方式，"农村""田野""农事"是都市人对回归原生农业生态环境的向往。乡村生态旅游是一种具有丰富实践性和较高体验性的旅游活动类型。乡村生态旅游可通过直接品尝农产品（蔬菜瓜果、畜禽蛋奶、水产等），或直接参与农业生产与生活实践活动（耕地、播种、采摘、垂钓、烧烤等）来实现，如"做一天农夫"等活动，使旅游者从中体验农民的生产劳动和农家生活，并获得相关的农业生产知识和乐趣。

（1）农耕文化

我国的农耕文化源远流长，"重农抑商""耕读为本"的儒家思想代代相传。历经数千年的浸润，形成了中华文化的重要组成部分——农耕文化。不同民族在不同时期、不同自然条件下创造了各不相同的乡村景观，但无论是江南的水乡还是塞北的山寨，无论是桂林的龙胜梯田还是天山下的绿洲，优美的乡村景观都有一个共同点：那里的生产与生活顺应了自然生态的发展规律；生态平衡尚未遭受破坏；出于生活需要的人工构筑物朴实无华，与环境相协调，景观展现出人与自然的和谐美。传统的耕作方式既保留了传统文化，也保护了环境，蕴含着深厚的生态文化。因此，与自然环境相适宜的农耕生产方式是一种极为重要的人文生态旅游资源。在漫长的农业耕作历史中，人类适应并利用自然生态发展规律，逐渐形成了农耕文化与简朴自然的生活方式，使农事活动与生态文化完美结合。

（2）田园

田园风光指的是传统农业顺应大自然、适应大自然，与大自然共同营造的具有一定规模和审美价值的种植景观。根据种植作物的不同，其可以分为乔木、矮树、灌木与草本种植景观四类，其中矮树及草本种植景观的旅游价值最高。矮树种植景观有桃、梨、苹果等果园。果园中春之花、秋之果不仅具有观赏价值，而且其采摘过程中的参与及品尝活动更具生态旅游价值，因而近几年果园旅游成为农业旅游的重头戏。草本种植景观也十分具有旅游价值，原因有以下几点：一是作为人类主食来源的小麦和水稻种植广泛，具有一望无际的规模效应；二是有些种植景观具有明显的季相变化，春季绿油油、秋季黄灿灿，随风起伏，既有绿的气息，又能给人带来丰收的喜悦。尤其是山区的水稻梯田，沿着高山随地形有规律地弯曲，极具审美价值。我国云南元阳哈尼族人所建的梯田堪称人间一绝，有"元阳梯田甲天下"之美誉。

（3）牧场

在草原地区，大规模地放牧牛、羊等动物所形成的动物与自然环境和谐相处的牧场景观，对久居闹市的城市人来说堪称世外桃源。那"风吹草低见牛羊"的景象，历来为人们所称颂；那万马奔腾的气势不仅场面壮观，更有深层次的文化价值；那牧民特有的游牧生活，也具有深刻的顺应自然的人生哲理和地方特色。上述种种均对游客回归大自然有着独特的吸引力。我国东北草原牧区、内蒙古牧区及高山草甸牧区均将此作为吸引游客的生态旅游资源。

（4）渔区

渔区泛指渔业生产的区域。从范围上看，渔区主要以海上和湖上的捕捞区为主，如舟山群岛附近的海域，盛产大黄鱼、小黄鱼、墨鱼和带鱼，是我国著名的渔场之一。从类型上看，渔业也随着社会经济的发展由单纯的捕捞发展为放养，近几年又发展了不少鱼塘，融入了人们喜爱的钓鱼休闲活动。如今，人们在钓鱼时不再满足于在自然水域中耐心等待，而是越来越喜欢加入渔业生态旅游，在观鱼、钓鱼和品尝鱼鲜的过程中尽情享受。

（5）农家

远离城市以农业为主要生产方式的传统农村居家生活，对日趋现代化、远离大自然的城市人有着特殊的吸引力。其原因有三个方面：①传统农家生活以大自然为背景，过的是一种人与自然和谐相处的生活；②传统农家位于偏僻之地，交通不便，使其形成与当地环境相统一的地方性特色，其民族风情较为浓郁；③传统农家具有好客的传统，给竞争激烈、人情淡漠的城市人带来一种久违的亲切感。我国作为一个发展中国家，不少地区仍保留着传统农业生活方式，民族风情浓郁，发展农家生态旅游大有前途。

2.园林类

（1）中国园林

中国园林是效法大自然的山水画的立体再现，建园的目的主要是满足人们亲近自然的愿望与需求。为了真切地感受大自然，择地建园以"虽由人作，宛自天开"为最高境界。一方面，所有造园景物都要尽可能多地载有自然信息，如园中地形地貌顺其高低起伏，花石树木顺其原形，不修剪造型。中国园林这种风格在世界上独树一帜，被称为"自然或山水园林"。另一方面，中国园林还有深刻的精神文化和审美情趣，即追求自然景物中引申出的精神文化内涵，如中国园林中喜种的松、竹、梅（岁寒三友），体现了园主崇高的精神追求。

（2）城市公园绿地

城市里最适合发展生态旅游的地方有公园、高尔夫球场、公共绿地等。这样看来，城市生态旅游资源具有人造自然的特征。有些学者认为生态旅游的理念与城市环境格格不入，但开展城市生态旅游可促进生物多样性的保护。加拿大绿色旅游协会认为在城市旅游中注重生态旅游原则在某种意义上来说对环境有更积极的作用，因为相对于荒野，城市更能容纳旅游业。

3.民俗类

（1）传统民俗生态文化

民俗是社会群体后天养成、长期沿袭的所共有的行为方式。民俗起先是在不自觉的情况下产生的，随后在发展过程中又不断地受到自然环境、文化环境和经济环境的影响。民俗生动地体现着一个民族在生活习惯、行为方式、伦理观念以及心理结构等方面的特点，是构成民众生活文化的主体与核心。

民俗生态旅游资源范围广泛，包括人类生活的各个领域和各个层面，并通过心理的、语言的和行为的方式表现出来。根据其存在和表现形式可分为：物质民俗资源，包括生产民俗、消费民俗和流通民俗，如采集、居住和通信等；社会民俗资源，包括村落、礼俗和岁时节日民俗，如乡规民约、成年礼俗和节日等；精神民俗资源，包括信仰、祭祀民俗和口承语言民俗，如民间宗教信仰和民俗谚语等。

民俗生态旅游资源，无论是物质表现形式的、社会表现形式的，还是心理表现形式的，都在民俗事象的表层之下蕴含着十分丰富的深层心理和思想背景，体现着不同民族、不同地区的人们在长期的生产劳动、社会生活中积累的与自然和谐共处的经验。例如，云南哈尼族地区的"梯田文化"、珠江三角洲地区的"桑基鱼塘"，无一不是各族群众与自然环境和谐共处的结果。

（2）俭朴自然的生活方式

俭朴自然的生活方式也是一种生态文化。例如，游牧人常年维持清贫生活。因为在传统的农牧社会，金钱并没有特殊意义，人们的交易是物物交换。在这里人们遵循着一条古老的相处原则：人类皆兄弟。他们不仅共享财富，而且要考虑同一环境中其他生物的需求。部落里既留有家畜食用的草场，也留出足够的草地供野生食草动物食用。正是因为对获取财富持一种淡漠的态度，人与人之间的竞争也就减少了，由此形成了一种互助、协商、和平的道德风尚。这样的处世态度，也维护了该地区生态环境的完整性。这种俭朴的生活方式蕴含着丰富的生态文化，使外面的人们对其永远充满着好奇和向往之心，也是一种重要的生态旅游资源。

（三）自然保护生态系统旅游资源

这一类的旅游资源通常是指在极端的环境条件下人类难以涉足，或即使涉足，影响也在其承受范围内的北极、南极及高海拔山岳冰川等区域，从而使其原生生态系统得以较为完整地保留下来。

1.北极地区

北极地区指以北极点为中心，北极圈以内的广大区域，其主体是世界四大洋中面积最小的北冰洋。北冰洋是一个非常寒冷的海洋，常年不化的冰层占洋面总面积的2/3，厚度多在2~4米，冰层相当坚硬，可行驶车辆和降落中型飞机。北极圈半年是极昼，半年是极夜，极夜的严冬气温极低，最冷月平均气温达-40℃，而且越靠近北极点气候越寒冷，冰层也越厚，极点附近冰层厚达30米。北极圈的北冰洋上有许多岛屿，主要岛屿有格陵兰岛、斯匹次卑尔根岛、维多利亚岛等。由于严寒，其生物种类极少，植物以地衣、苔藓为主，动物主要有北极熊、海象、海豹、鹿、鲸等，但数量不多。生活在那里的人主要为因纽特人。在严酷的环境条件下，因纽特人的日常生产生活也极具特色，对生活在温暖地区的人具有巨大的吸引力。

2.南极地区

南极地区指位于南极圈范围内的南极洲，南极洲是世界七大洲中最寒冷的冰雪大陆，包括南极大陆及附近的大小岛屿，19世纪20年代以前还不为人所知。南极洲四周被太平洋、大西洋和印度洋包围，平均海拔为2350米，其中冰层厚2000米左右，是世界上最厚的冰库。南极洲气温很低，年平均气温在-15℃以下。即使在夏季，气温仍在0℃以下，比北极更为寒冷，有"世界寒极"之称。南极不仅酷冷，还是世界上风暴最频繁、最大的地方。有的地方一年有340天的暴风雪，其风力比台风大3~4倍。在如此严酷的气候条件下，几乎见不到绿色植物，只是偶尔在背风的石头下有少量地衣和苔藓。南极的动物种类虽稀少，但数量可观，如企鹅。此外，还有鲸、海豹、海狮、海象等动物。南极洲是目前地球上唯一没有常住居民的大洲，只有一些科学考察站。我国于1985年在此建立了科学考察站。现在有不少国家成批地组织科学家去进行科学考察，这块未开垦的地区对生态旅游者有极大的吸引力。

3.山岳冰川

南北极均存在巨厚的冰层，属大陆冰川。在地球表面高海拔地区，由于气候寒冷，当降雪积累的量超过消融量，积雪逐年增厚，经一系列物理过程，冰在重力的作用下向下滑动形成山岳冰川。山岳冰川的寒冻风化和侵蚀作用，使所在地的山峰棱角分明，山脊呈"刃"状，山谷呈"斗"状，在白雪和冰川覆盖下具有极高的观赏价值。山岳冰川地区气候酷冷、多变，气势宏大的冰川随处可见。在此，大自然的洁美和严酷融为一体，生活在山岳冰川附近的居民常把它奉为神，对其充满了畏惧和敬慕之情。例如，青藏高原喜马拉雅山上的珠穆朗玛峰是世界最高的山岳冰川，被当地人奉为"朗玛"女神峰。位于尼泊尔东侧的喜马拉雅山已经开发了以直升机为交通工具的生态旅游。欧洲著名的阿尔卑斯山岳冰川也在很早就成为旅游胜地。

第四章　文化旅游经济

文化旅游是文化产业与旅游产业的融合。近些年，文化产业已经成为发展第三产业和提高综合国力的一项重要内容，同时也成为世界各国竞相发展的战略性产业。文化旅游是文化产业中起步较早、发展较快、占比例较高的一类细分市场。时至今日，随着现代旅游业的不断发展，文化旅游逐渐成为一种生活潮流和经营导向，成为旅游业竞争的新领域和旅游者的新选择，成为产业发展的制高点和经济增长点。

第一节　文化旅游概述

21世纪，我国旅游的方向直指文化旅游，文化旅游对国民经济的发展起到了重要的推动作用，并且提高了人们对于生活的幸福感。为此，我们有必要对文化旅游的概念、文化旅游的构成要素、文化旅游的特征、文化旅游的分类进行分析。

一、文化旅游的概念

1977年，由罗伯特·W.麦金托什（Robert W.McIntosh）所著的《旅游学：要素·实践·基本原理》一书，最早提出文化旅游这一概念，并提出"文化实际上概括了旅游的各个方面，人们可以借助它来了解彼此之间的生活和思想"。同时，学者鲍勃·麦克彻（Bob McKercher）和希拉里·迪克罗（Hilary du Cros）也对这种观点表示了认同，并指出所有的旅游形式都包含着某种文化因素。自从1992年卢文伟在其文章中引入文化旅游概念，并主张建立文化旅游区，推动文化旅游发展之后，国内很多学者对文化旅游做了许多相关研究，虽然没有明确文化旅游的理论体系，对文化旅游的概念也没有形成一致的定论，但是可以把学术界对文化旅游概念的界定总结为以下四种主要的观点。

第一，文化旅游"概念"论。郭丽华认为，文化旅游是一个抽象的概念而不是一种旅游产品，文化旅游是一种思路、一种意识或者是一种方法。对于经营者来说是一种产品设计的战略思路，对于旅游者来说则是一种旅游的方法。

第二，文化旅游"产品"论。蒙吉军、崔凤军认为，文化旅游是指旅游产品的提供者为旅游产品的消费者提供的以学习、研究、考察所游览国（地区）文化的一方面或诸方面为主要目的的旅游产品。

第三，文化旅游"体验"论。世界旅游组织指出，文化旅游包含了旅游的各个方面，是人们为了体验、了解彼此的文化而发生的旅游。

第四，文化旅游"活动"论。李江敏、李志飞在《文化旅游开发》中指出，文化旅游是以观光、参与等行为为媒介，通过了解与熟悉特定文化群体区域的文化特性来达到增加知识和陶冶情操目的的旅游活动。

总之，本书将文化旅游定义为：旅游者出于提高自身文化知识与素养、获得精神享受、陶冶情操等目的，通过观光、体验等方式，对特定的文化群体或者区域特色文化的深厚内涵进行熟悉、体验的一种旅游活动。

二、文化旅游的构成要素

文化旅游由文化旅游主体、文化旅游客体、文化旅游媒介三部分构成。

（一）文化旅游主体

文化旅游主体，即文化旅游者，是旅游活动与审美的主体，是旅游客体的浏览主体，只有与旅游客体相对应时，文化旅游者才能成为旅游主体。

需要注意的是，文化旅游主体并不等同于旅游主体，它只是旅游主体的一部分。从文化的角度来看，文化旅游主体一方面体验、接受旅游地的文化，另一方面也是文化的负载者和传播者。文化旅游者进行文化旅游的目的就是感受历史文化、充实自我。从经营者的角度来看，文化旅游追求的是整个产业链各环节的收益，将具有越来越强的文化吸附力，文化产品也会有更高的价值。文化旅游者的经济承受能力也会比较高。

（二）文化旅游客体

文化旅游客体，即文化旅游资源，属于旅游资源的一部分。旅游资源指能够激发人们的旅游动机，能为旅游活动所利用，并由此产生良好综合效益的一切因素。而文化旅游资源指能给人一种超然的文化感受，具有审美情趣激发功能、教育启示功能和民族情感寄托等功能的饱含文化内涵的旅游资源。

目前，文化旅游项目遍地开花，但从开发文化内容的视角来看，普遍存在挖掘文化内涵有余、与市场对接的娱乐改造不足的问题。如果说在文化旅游发展的初级阶段，主要是呈现与展示已有的旅游资源，让旅游者在旅行过程中体验与享受文化，那么在文化旅游发展的高级阶段，更强调让文化旅游资源"活"起来，注重改变文化旅游资源的转化方式、提高文化旅游资源的转化效率、优化文化旅游资源的转化产品。

（三）文化旅游媒介

文化旅游媒介连接着文化旅游主体与客体，是传递文化旅游的桥梁，在这里，我们更侧重于分析文化旅游经营环境的媒介。

旅游产业由"食、住、行、游、购、娱"六大要素组成，在文化旅游发展的初级阶段，其媒介最重要的构成就是交通、信息渠道和中间商。交通线路是旅游资源开发与扩展的重要因素，是实现文化旅游活动不可或缺的条件；旅游信息具有记载性、共享性、时效性等特点，是完成文化旅游活动的重要因素，是文化旅游主体消费发生的前提；中间商是产品及服务的主要销售渠道，可组织协调文化旅游活动。

按照国家发改委社会发展司的设想，在休闲游或体验游阶段，"品、享、通、学、汇、动"将成为旅游的六要素。其中，"品"就是品位、品质，"享"就是享受离开原住地、到异地的别样生活，"通"就是"说走就走的旅行"，"学"就是指旅游是一个学习的过程，"汇"就是旅游者与自然、社会、同伴的交流、融合，"动"则强调一切旅游活动都与休闲、运动紧密结合。在这六个字的精辟概括中，我们认为在文化旅游发展的高级阶段，"品、享、动"是最重要的媒介，这既是企业在对接文化旅游消费市场时必须抓住的要点，也是文化旅游资源转变为文化旅游项目及产品的重要精髓，更是吸引消费者进行文化旅游、延续性逗留与消费的重要因素。

三、文化旅游的特征

文化旅游的提出，不仅符合时代发展趋势，而且抓住了旅游业的本质内涵，直接表露出了这一旅游业发展的深层次韵味。具体而言，文化旅游具有以下几个特征。

（一）超综合性

旅游本身就具有极强的综合性，而文化旅游又赋予其更加丰富的文化内容。文化旅游包括"吃、住、行、游、购、娱、健、闲、体"九大要素，集旅游、文化、商业、休闲娱乐、艺术、体育等于一体，学科边界越来越模糊。可以说，文化旅游已经发展成了一门综合性很强的学科。

（二）载体性

文化旅游的发展不是孤立的，必须以历史文化景点、文化艺术场所、演出会展场所等为载体，这些载体的品质和密集程度在很大程度上直接决定了文化旅游的发展程度。而且，这些载体与文化旅游的九个要素共同构成了完整的文化旅游经济链，具有丰富的文化内涵。通常情况下，文化旅游载体的布局越密集、完整，文化旅游经济链就越长。因此，文化旅游的载体是文化旅游经济链及文化产业发展的关键性因素。

（三）知识密集性

文化旅游产品是一种知识密集型的旅游产品，其中蕴含着大量的知识信息。文化旅游能为旅游者提供丰富的历史、文化、社会、科普等方面的知识，使旅游者从中受到教育与启示，提高文化艺术修养。比如，有"音乐之都"之称的维也纳，凭借众多著名音乐家的遗迹成为欧洲著名的文化旅游中心，旅游者在这里可以感受到浓浓的艺术气息，受到音乐的熏陶。

（四）精品性

从产品的角度看，文化旅游产品资源的品位高，它是在人类历史发展中沉淀下来的精品。这些精品，既有人类物质行为结晶的精品，如以物质形态遗存的建筑物及其内涵文化，也有人类精神行为结晶的精品，如价值观念、学术思想等。

（五）体验性与参与性

由于时代的变迁和发展，传统旅游单纯的、静态的文化观赏已经无法满足当代人对文化旅游的需求，人们越来越要求在文化旅游中进行参与与体验，从而感受文化的价值和魅力。此外，从市场主体的角度看，文化旅游市场的主体基本是中青年人群和"身心年轻"的老年人群，这在客观上也要求文化旅游活动具有较强的参与性、体验性。因此，现代文化旅游倡导文化体验与文化参与行为，体验性与参与性越来越成为现代文化旅游的核心要求。

（六）延展性

延展性是指以一项文化旅游产品为核心可以衍生出一系列其他产品。文化旅游具有文化含量高、附加值大的特点，能够开发、挖掘、衍生、创新出一系列的新产品，具有超强的延展性。文化不仅是旅游的一个重要内容，而且是旅游产业的重要环节与表现形式，通过文化创意活动对它的丰富内涵进行挖掘和表现，能够创造出许多新型旅游产品。例如，大型实景歌舞剧《印象·刘三姐》的演出，在很大程度上推动了当地文化旅游经济的发展。此外，文化旅游的延展性还表现在旅游产品内涵的功能延展。例如，在游览中，如果导游适当引入精彩的历史故事，就可以很好地提升游览项目的档次，增加旅游产业的附加值，给旅游者留下深刻的印象，为旅游地区争取更多的回头客。

（七）创意性

当代文化旅游发展的一个显著特点就是运用文化符号创造出前所未有的文化吸引物。当今的文化旅游不仅与历史古迹息息相关，而更多的是通过文化创意来实现的。好的创意本身就可能成为文化旅游的吸引点。例如，迪拜与阿布扎比虽然缺少旅游资源，但它们通过全新理念设计的超豪华的文化广场、购物中心、清真寺等现代建筑和创意产品，吸引世界各地无数旅游者前来参观，极大地推动了本国文化旅游经济的发展。此外，举办大型节庆活动如博览会等，也能够间接地促进文化旅游经济的发展。

（八）民族性与国际性

文化旅游景点不仅具有民族性，是民族精华的代表，而且具有国际性和世界性，是世界一流的、高品位的民族精品。可以说，文化旅游所反映的文化内涵是民族性与国际性的统一。

四、文化旅游的种类

不同的文化，必然导致文化旅游的差异。由于文化种类繁多，所以文化旅游的种类和形式也存在差异。世界上多姿多彩的民族文化、民俗文化、社会文化、艺术文化等极大地丰富了文化旅游的种类，推动形成了多种多样的文化旅游方式。

（一）民俗旅游

民俗旅游是最受现代人欢迎的旅游形式之一。现代人长期处于快节奏、高效率的都市生活之中，内心很渴望这种单调乏味的生活状态得到些许改变，使平淡的生活多一点亮丽的色彩。民俗旅游就可以通过使其体验异地异族真实的生活方式、文化形态、传统习惯等来满足人们体验异国、异族、异地风情的需要，让人们将身心融合到一种全新的、不同的生存状态之中，让人们的心灵得到一种慰藉。

民俗旅游中比较吸引人的是节庆旅游。在长期的历史发展过程中，各民族逐渐形成各自鲜明的特点，有了自己民族的习惯和节日，如我国西南地区苗族的"四月八""姐妹节"，侗族的"花炮节""六月六""祭牛节"。这些民族节日活动与现代生活有一定的距离，带有很深的传统烙印。

民俗旅游满足的是现代人对异国他乡风土人情的好奇感，是一种更高层次的精神需求。目前，在我国的许多地区都有内涵丰富、层次较高的民族文化节专项旅游项目，如潍坊的风筝节、岳阳的国际龙舟节、大连的服装节等。

贴近生活的民族风情旅游是民俗旅游的另一种形式。这不再是走马观花的旅游,而是让旅游者入住当地家庭,借与房东居住的机会,直接了解和体验当地的风土人情,有利于旅游者与当地人建立亲密融洽的关系,营造一种独特的"家庭氛围"。这种贴近生活的旅游方式,能够增进客人与主人的个人友谊,使旅游生活更有情趣,更令人难忘。

参观民俗文化村,又是一种民俗旅游方式。在一些地方建立民俗文化村,以保留一些即将绝迹的传统饮食起居、衣着装束、建筑风格,以及工艺制作、文化娱乐、民间习俗等,并建立类似博物馆的保护区,完整地展示地方民俗风情。

(二) 健身旅游

身体是人的生命本体的一种存在。而生命的本体,是人类生活意义的核心和基础。健身旅游大致可分为疗养旅游、保健旅游和体育旅游。健康是第一位的,没有了健康,一切便都失去了意义。越来越多的现代人已经认识到这一点,因而人们开始身体力行,采用各种各样的健身方法来达到锻炼身体的目的。健身旅游便是其中的一种方式。随着社会经济和科技文化的快速发展,健身旅游必将大行其道。

(三) 艺术旅游

艺术的范畴包括绘画、雕塑、建筑、工艺、音乐和戏剧等。艺术品是人类创造的宝贵的精神财富。博物馆艺术之旅、文艺典故之旅、影视艺术之旅和建筑艺术之旅等专项旅游,可陶冶人的情操,净化人的心灵,鼓舞人的意志,让人们深切感受艺术品的感染力,从而达到高层次的精神享受。

(四) 修学旅游

修学旅游是以学习研究某一专题为目的的旅游项目,是一种开阔视野、增长知识、丰富阅历的重要方式。游客可根据自己的喜好或特长选择相应的旅游内容,如历史、书法、民俗、绘画、烹饪、中医等。

(五) 考古旅游

考古旅游是以考古活动发现的古代物质文化遗存为旅游吸引物,同时具有游览观光、学习求知、参与体验、休闲娱乐等功能的专项旅游活动。作为个体活动,考古旅游是考古活动与旅游活动的互动融合;作为业态形式,考古旅游是考古领域与旅游业的互相渗透;作为学科领域,考古旅游是考古学与旅游学的交叉领域,并同时融合了文化旅游和参与型旅游两大趋势。

(六) 寻根旅游

寻根旅游是指在基本了解祖籍、故乡、姓氏等相关情况的前提下,个人或家庭、团体以缅怀祖先、追寻家庭史的方式进行的游玩过程,即追寻故乡、重走姓氏迁移的路线，挖掘祖先的故事，感受祖先曾经生活的那片土地的气息，以完成认祖归宗的心愿，从而把家族史传承给子孙后代，把家族文化发扬光大。寻根旅游的游客既能欣赏途中的风土人情，缓解生活压力，增添生活乐趣，又能对家族历史有更深的了解，同时还可以寻找到失散的族人。

寻根旅游是一种新兴的文化旅游方式，它以亲情和宗族认知为主线，并将其贯穿于整个游玩过程。其形式是多种多样的，如故乡认祖、家族聚会、宗族会议、家谱修订、追本溯源、姓氏迁移的路线探寻等。依据传统的姓氏文化，又可将姓氏游划分为姓氏寻根游和故乡寻根游。

（七）探险旅游

探险旅游是指旅游者到人迹罕至或险象环生的特殊环境下进行的充满神秘性、危险性和刺激性的旅行考察活动。这是一种以寻求新的体验为目的的旅游形式。探险旅游通常以奇特的自然环境为背景，而且总是伴随着一定可预知的或可控制的危险，也是对个人能力的一种挑战，如高山探险旅游、沙漠探险旅游、海洋探险旅游、森林探险旅游、洞穴探险旅游、极地探险旅游、追踪野生动物探险旅游、寻找人类原始部落探险旅游等。此外，探险旅游还包括泰国的骑象探险旅游、丹麦的狗拉雪橇探险旅游、乘热气球环球旅行、驾脚踏飞机或滑行器飞渡海峡、驾游艇或小船周游世界、乘独木舟横渡大西洋等。

（八）生态旅游

生态旅游是指以吸收自然和文化知识为导向，尽量减少对生态环境的不利影响，确保旅游资源的可持续利用，将生态环境保护与公众教育同促进地方经济社会发展有机结合的旅游活动。其内涵主要包含两个方面的内容：一是回归大自然，即到生态环境中去观赏、旅行、探索，目的在于享受清新、轻松、舒畅的自然与人的和谐气氛，探索和认识自然，增进健康，陶冶情操，接受环境教育，享受自然和文化遗产；二是促进自然生态系统的良性运转，即无论是生态旅游者还是生态旅游经营者，甚至包括得到收益的当地居民，都应当在保护生态环境免遭破坏方面作出贡献。只有在旅游和保护均有保证时，生态旅游才能显示其真正的科学意义。

（九）商务旅游

商务旅游是指旅游者以商务为主要目的，离开自己的所在地到外地（包括国外）进行商务及其他活动，一般包括谈判、会议、展览、科技文化交流等。

商务旅游作为旅游业的一个重要组成部分，自20世纪80年代以来，保持了比整个旅游业更快的发展速度，越来越成为全球旅游业发展的新趋势。商务旅游与普通的观光、休闲度假等旅游方式相比，具有消费水平较高、受旅游淡季与气候影响较小、活动地点较固定、活动方式重复等许多明显优势。发展商务旅游已经成为一个城市经济增长的重要支撑点。

第二节　文化旅游发展的意义、现状及趋势

21世纪，我国旅游的方向直接指文化旅游，文化旅游产品已经成为最具竞争力的优势产品。目前，我国文化旅游市场已经具备一定的规模，文化旅游品牌开发商持续推进，文化旅游管理和服务不断加强，各地大力开发文化旅游资源。本节将对文化旅游发展的意义、现状与趋势进行分析，为文化旅游的发展提供理论依据。

一、文化旅游发展的意义

文化旅游的发展具有非常重要的理论和实践意义，将会在未来的旅游业发展中发挥越来越重要的作用。

（一）发展文化旅游是体现旅游本质的必然要求

在现代旅游活动的各个方面无不渗透着文化因素，可以说，文化是旅游业的灵魂。文化是旅游者的出发点和归结点，是旅游景观吸引力的源泉。旅游的经营在本质上也是文化的经营，其最高层次就是文化。人们外出旅游的动机也是为了获得一种精神上的享受和心理上的满足，因而旅游活动本身就是一种文化消费行为。不管是何种形式的文化旅游资源，都必须具有独具特色的地方文化内涵，来满足人们的各种需求。文化旅游产品是旅游产品与中国传统文化有机结合的产物，从古至今，许多文人学士在旅游的过程中进行创作，留下了许多文学作品。现代人在瞻仰这些古人的作品、游览古人所游历的地方时，会感受到浓浓的文化气息。反之，现代人所看到的景物，如亭台楼阁，如果除去文化赋予它们的内涵，其本身也只是一个空壳。因此，芜湖市滨江公园在开发的时候就充分利用了当地原来的历史传统文化和西洋文化，将过去一个富有开创性的教育中心、一个近代商贸的起航地、一个近代西方文化的展示区，糅入江南水乡特色，成为一个集中国历史传统文化、近代西洋文化和现代创新文化于一体的特色旅游文化资源，很好地展示了芜湖之魂。旅游企业是生产文化和销售文化的企业，而旅游经营者要取得良好的经济效益，就必须提供一种能满足旅游者文化享受需求的旅游产品。无论是何种旅游资源都必须具有民族特色、地方文化内涵，吸引和激发旅游者的旅游动机，满足旅游者对文学、艺术等多方面的不同需求。因此，旅游的文化本质特征决定了优先发展文化旅游势在必行。

（二）发展文化旅游是现代旅游的发展趋势和未来的主导形式

文化旅游以丰富多彩的形式、深厚独特的内涵表现出巨大的魅力和旺盛的生命力，逐渐成为世界旅游业发展的新潮流。当前，随着旅游业的快速发展，世界各国和各地区的文化旅游经济正呈现出迅猛崛起的势头。在我国，文化旅游也以其独有的文化底蕴和特有的文化氛围而备受广大旅游者喜爱，各旅行社在编排旅游线路、组合旅游产品时，不断用多样的旅游文化项目满足不同旅游者的精神文化需求。由此可见，作为一种全新的旅游形式，文化旅游正日益成为广大旅游爱好者首选的旅游项目。文化旅游将会是旅游业未来的主导形式，也会成为未来最具吸引力的旅游产品之一。随着旅游业的不断发展，缺乏文化内涵的粗放型旅游方式将不能适应当今时代的发展，而文化附加值在旅游收入中所占的比重会越来越大。发展文化旅游是时代发展的必然要求。在国内外文化旅游业蓬勃发展的大潮中，中国文化旅游一方面面临着巨大挑战，另一方面也面对着众多机遇，只有坚持不懈地挖掘自身的文化内涵、提炼自我的文化符号、赋予自我的文化意义，才能在激烈的旅游市场竞争中求得生存和发展。同时，也必须清晰地认识到，文化旅游作为一个蓬勃发展的新兴旅游市场，还有很多不可预见的地方。因此，应大力发展旅游文化和开发以文化为特色的旅游景点和旅游活动内容，满足旅游者的精神文化需求。这既是与世界旅游接轨的历史必然，也是中国旅游以文化为内核的历史传承。可以说，旅游景点的历史文化内涵，以及旅游经营管理者和文化旅游产品的文化含量是旅游业发展的生命。同时，在开发文化旅游资源时，应坚持开发与保护并举、保护第一的原则，遵循可持续发展原则，使旅游业保持持久旺盛的生命力。发展文化旅游，可以增强人们对文化传承发展的责任感，以及对传统文化的珍视和保护意识。可以预见，随着旅游业的繁荣发展，文化旅游的地位和作用将会越来越重要，文化正成为整个旅游业的灵魂和支柱，决定着旅游业的发展方向和兴衰成败。

（三）发展文化旅游能产生良好的经济效益和社会效益

近年来，随着世界经济的快速发展、人们收入水平的提高、教育的发展，人们越来越追求精神文化的享受，再加上亚洲文明、东方文明的神秘，使得世界旅游业的发展重心逐渐转向亚洲市场，旅游业在经济中所占的比重也得到了持续的提高。目前，世界上许多旅游业发达的国家都实行了"文化经济"新战略。韩国想要把文化旅游培育成21世纪的国家战略产业，并采取了多种措施促进文化旅游业的发展。意大利全面系统地计算了文化遗产的投入和产出，得出结论：国家每年对文化性参观旅游业征收的增值税收入是保护费用的2715倍，并能提供一定的就业岗位，带动建筑、商业和交通运输的发展，同时还能促进科学文化的发展。

由此认为文化遗产蕴藏着巨大的经济潜能，应视为战略资源和国家基本生产结构的重要组成部分。从近几年我国旅游业发展的状况来看，文化旅游经济的发展很好地促进了当地的经济增长、文化传承与传播、生态持续发展，取得了良好的经济效益和社会效益。特别是万达、世贸等大型企业陆续在多个城市开发文化旅游项目，更是证明了文化旅游经济是一条负重致远的发展道路。

（四）发展文化旅游是保持国家旅游业自身特色和树立旅游形象的保证

中华民族几千年丰富的历史文化使得中国的旅游资源别具特色。要保持文化旅游资源的自身特色，就必须树立起鲜明的旅游形象。旅游业是对外交流的重要桥梁、展示形象的重要窗口，通过挖掘旅游文化内涵来吸引旅游者，必然能够很好地促进各地区之间的文化交流和发展，同时也有利于传统文化和民族文化的保护和传承。相关旅游者心理研究表明：在当今社会及未来的时间里，旅游者对文化感受和精神层面消费的需求会越来越突出。为了迎合旅游者的这种需要，旅游目的地只有通过开发具有深厚文化底蕴的旅游新产品，才能够创造和凸显自己的特色，提升自身的高度，吸引消费者群体，从而提高旅游目的地的竞争力，使旅游业得到持续的发展。从本质上说，各国旅游业之间的竞争是文化的竞争。只有具有民族特色的文化旅游，才能拥有持久的生命力，否则只能是昙花一现。纵观全世界，几乎所有旅游业发达的国家或地区，都以文化旅游取胜。比如，西班牙政府很早就开始关注文化旅游产品的开发，推出了多类文化旅游路线，如民间建筑之旅、葡萄酒之旅、城堡等；法国巴黎街道的命名，几乎都蕴含着法兰西民族的历史典故。文化旅游通常很难模仿和复制，一旦开发出来，就是独一无二的旅游资源，这是由文化的地域性、垄断性、民族性、独特性、传承性等特点决定的。因此，世界各地都在积极采取多种措施大力发展文化旅游业，开创具有当地特色的品牌，树立良好的旅游形象，提高自身的竞争力。一旦旅游地区的品牌有了"名牌效应"，就会为经营者带来新的经济效益，使旅游业拥有无限的发展潜力，实现真正的可持续发展。因此，发展文化旅游是一个国家在发展现代旅游业中保持民族特色、拥有持续生命力的必然要求。

（五）发展文化旅游可以弘扬传统文化，提升国民素质

旅游者通过了解旅游资源中的文化特色，能够体会到中华传统文化的强大魅力与独特内涵，从而提升自身的文化品位与文化修养。旅游者通过文化之旅可以开阔个人视野、丰富生活阅历、增长知识经验、提高自身文化素养。这些都充分体现了旅游业的文化功能，同时也能够很好地促进社会的和谐稳定与发展。文化旅游业的发展，必然有利于弘扬中华传统文化，宣传礼仪之邦的中华形象。同时，随着人类社会的进步、劳动生产率的提高、人们空闲时间的普遍增多、人们文化

素质的提高，旅游与文化越来越紧密地结合在一起。人们进行旅游的目的之一就是去一个新的环境，寻求新的感官刺激，这就需要营造一种特有的文化氛围，给旅游者以强烈的震撼力，使其留下深刻的印象。旅游者参与旅游活动是为了满足某种需要，例如，有为了观赏异国他乡的风土人情、大好河山的观光旅游，有为了松弛神经、休养生息的休闲旅游，还有生态旅游、购物旅游、商务旅游、体育旅游等。究其实质，旅游者投身旅游活动，主要是为了提高精神生活的享受，追求精神文化的满足，可见旅游活动主要属于精神文化活动的范畴，文化动机是旅游者最基本的旅游动机。具有较高知识水平的旅游者，大多希望在观赏之中能够得到客观科学的解释、展示，从而丰富个人知识，受到启发和教育。针对这种心理需求，应该大力发掘具有知识性、科学性和客观现实性的历史文化、名胜古迹等文化旅游资源，能使人得到更多的教益。如果只依靠对自然景观进行表面的、肤浅的解说，或者对人文景观进行封建迷信等庸俗低下的展示和宣传，必然不能满足现代高素质旅游者的需要。

二、文化旅游发展的现状

文化旅游涵盖了古迹游览、民俗体验、饮食文化旅游、休闲娱乐旅游、艺术欣赏旅游等。因涉及面广、关联度高、融合度深、带动性大、辐射力强，文化旅游正逐渐成为经济社会发展中最具活力、最具发展前景的新兴特殊综合性产业。目前，我国文化旅游在旅游产业和文化产业合力发展的驱动下，呈现出良好的发展态势。

（一）文化旅游融合持续推进

文化与旅游的早期融合是由市场需求而产生的一种主动融合，是一个激发演化的过程。随着经济社会的不断发展，以及文化产业和旅游产业发展思路的不断拓展，文化产业和旅游产业呈现出更加显著的融合趋势。当今时代，文化与经济联系日趋密切，二者呈现出交融的状态，这主要表现在两个方面：一方面，文化在为社会经济发展提供强大精神动力的同时，其经济功能也得到了明显增强；另一方面，经济的文化含量不断提高，文化在综合国力竞争中表现出越来越重要的地位和作用，文化产业在促进经济增长和经济发展方式转变方面所作出的贡献越来越大。可以说，旅游既是文化性质的经济产业，也是经济性质的文化产业。充分发挥文化在促进社会主义经济发展中的重要作用，一个重要途径就是持续推进文化产业与旅游产业的融合，文化产业以旅游为重要载体，展示文化的内涵和魅力，实现文化的经济价值；旅游产业以文化为底蕴，促进文化资源的资本化与产业化。

目前，文化产业与旅游产业融合发展的切实可行的模式大致有以下六种：第一，文化主题公园开发模式，如湖南永州新田孝文化主题公园、天津消防主题公园、青州通天迷城主题公园、江苏常州环球动漫嬉戏谷等；第二，高科技模拟创新模式，如历史文化巨片《圆明园》，就是应用数字仿真模拟和动画合成等技术合成的；第三，文化旅游房地产模式，以文化和旅游打造旅游形象，形成品牌效益，凝聚人气，由此抬升地产市值，如深圳华侨城；第四，创意策划包装的艺术开发模式，如张艺谋的"印象系列"等；第五，基于文化保护的文化（文物）展示模式，主要利用特色的历史文化遗存、民族手工艺等开展特色旅游，如古城、古镇、古村落等；第六，文化创意产业园开发模式，如宋庄、798艺术区等。

（二）全国性文化旅游集团"初露端倪"

我国陆续出现了多家致力于打造具有全国影响力品牌的文化旅游经济集团。其中，世界500强的万达集团，开始转型做文化旅游开发，其开发的长白山国际旅游度假区一期项目已开业运营；灵山文化旅游集团发展战略明确提出成长为"中国著名文化旅游经济集团"的目标，并开始在山东等地进行品牌扩张；西安曲江文旅集团是中国较早开发文化旅游的集团，其项目目前仅局限在西安；华侨城集团已经在全国布局并运营文化旅游项目，如欢乐谷项目；宋城集团上市后，其在业界的影响力显著增强，目前在武夷山、三亚、丽江等区域进行扩张；金典集团的三亚湾红树林度假世界、亚龙湾红树林度假世界等已经开业运营。

但同时我们也应该清醒地认识到，当前我国文化旅游经济还存在一些问题，比如，相关法律法规不健全、文化旅游经济的体制冲突、文化旅游资源的管理障碍等。因此，文化旅游的有效发展和做大做强，需要各个环节、各个部门的有机配合。

（三）文化旅游格局基本形成，业态不断创新

传统观光类文化旅游具有非常稳固的地位，主要以历史文化景点和民俗文化为依托，其形式主要包括革命圣地旅游、文物景点旅游、民俗风情旅游等。现代文化旅游在传统文化旅游的基础上，依托信息技术和现代管理理念，致力于满足消费者多方位需求，同时借助信息技术的文化旅游新业态，呈现出不断发展的态势。具体而言，现代文化旅游的产品体系由以下两个部分构成。

1. 文化旅游产品

文化旅游产品可以分为核心产品和外延产品。核心产品是以文化实体为基础的各类文化主题公园、文化展示区、文化旅游景区等；外延产品则主要是为了满足消费者购买、收藏等目的而设计、开发的旅游纪念品、书刊等。

2. 文化旅游服务

文化旅游服务可以分为专业服务和公共服务。专业服务主要是那些需要专业技术支持的文化服务，如文物保护服务、文化演出服务等；公共服务主要是为大众文化旅游消费者提供的各类基础服务，如旅游交通服务、餐饮酒店服务等。

三、文化旅游发展的趋势

近些年，我国文化旅游呈现出蓬勃发展的趋势，主要呈现出以下几个趋势。

（一）创新是文化旅游的发展之路

创新是现代文化旅游经济发展的必由之路，主要包括以下两个方面的创新。

第一，管理机制创新。管理机制创新是指将优质的旅游产品与旅游服务标准化，借助大规模复制使消费者感受到通过管理而提升的优质服务水平。例如，携程旅游公司用制造行业的标准来做服务行业，通过高科技的应用，将旅游服务转变为标准化流程管理的运作。

第二，服务模式创新。传统文化旅游经济的服务主要依赖于个人服务或管理经验，因而服务质量不稳定，难以将优质服务标准化、流程化，更无法实现标准服务形态的大规模复制。如今，许多新兴旅游服务企业正在不断地创新服务模式，倡导为消费者提供便捷的标准化服务、"一站式"服务。

（二）时空扩延为现代文化旅游延伸消费

从供给角度看，如果延长旅游者的消费时间，必将带来更大的经济效益；从消费角度看，这样也可以让旅游者尽可能地利用时间感受文化，使消费实现时间价值最大化。在当代社会，大多数人在有足够的收入并对其生活方式进行选择的情况下，希望有越来越多的时间来享受各种服务，这种消费推动着"24小时社会"的发展。同时，在空间上，现代文化旅游活动已经突破传统文化旅游景点的局限，向同样可以满足其文化需求的酒吧、茶吧、音乐厅、剧院，以及各种旅游信息交流中心等场所延伸，这些地方的消费主体是城市居民和旅游消费者。其中，旅游者是现代文化旅游产品的重要顾客群，他们的消费不仅影响着城市日常产品和服务，还直接作用于城市特色文化旅游产品的发展，同时这一消费也最大限度地促使文化旅游消费的空间扩延到城市文化娱乐消费。

（三）大众化为现代文化旅游提供宽广市场

随着社会主义经济的发展、个人收入的提高、休闲时间的增多、教育的发展，以及休闲、休假权利意识的增强，有越来越多的大众消费者通过文化旅游产品来满足自身的精神文化需求。我国文化产业发展规划中也强调重点激发公民文化创造力，这就需要吸引更多的一般大众积极参与到文化旅游中，甚至使大众消费者成为现代文化旅游的主要参与者。比如，旅游名店城网、凤凰网、搜狐网联合推出的国民旅游计划，旨在提高文化旅游的社会参与性，并发挥媒体、旅游协会的优势参与宣传推广。同时，现代文化旅游所倡导的大众化文化旅游，还将促使旅游行业管理部门从公共管理层面对文化旅游提供强有力的支持。

（四）技术化成为现代文化旅游的重要支持

科学技术是第一生产力，技术进步一直都是推动社会发展的重要力量，互联网的诞生为消费者生活的各方面提供了前所未有的帮助和便利。比如，通过网络技术与传统文化旅游经济的嫁接，文化旅游经济取得了突破性进展。IT技术应用主要表现为文化旅游网站、数字化管理、旅游呼叫系统，也在很大程度上推动了现代文化旅游经济的发展。

另外，酒店实时预订系统、航班数据动态管理系统等各种旅游服务新技术，都将被广泛应用于文化旅游电子商务之中。在发达国家，以网络化、数字化技术装备起来的产业，以及各种以高科技为载体或包装的文化产品，不仅创造了全新的生活理念，而且也刺激着文化需求。总之，未来文化旅游的发展将把更多的信息和服务项目通过高新技术带给消费者。

（五）国际化给现代文化旅游提供更大的舞台

经济规律表明，世界经济的产业中心将由有形的物质生产转向无形的服务生产，在未来，旅游业特别是文化旅游将是下一个重要的经济增长点。在全球化背景下，投资文化旅游已成为一个地区发展的有效途径，独特的文化旅游资源是参与未来市场竞争的重要条件，因而人们开始重视人工制造文化旅游资源。在全球化产业结构调整的过程中，跨国文化产业也在影响着我国文化旅游经济的进一步发展，一些跨国公司把新兴的信息网络优势与旅游娱乐等专业优势结合，实现文化旅游资源的高效组合。总之，在未来世界经济的发展中，必然会崛起一批世界级的中国文化旅游服务企业。

第三节 文化旅游资源的概念与类型

一、文化旅游资源的概念

文化旅游资源的概念到底是什么，就目前来看，还没有一个统一的定论。不过，由于文化旅游资源既是文化资源的一个分支，又是旅游资源的一个分支，因此可以从文化资源和旅游资源的概念来理解文化旅游资源的概念。由此来看，任冠文教授所总结的概念就比较妥当，"凡能被旅游业利用来开展旅游活动、能够吸引旅游者产生旅游动机，并能满足旅游者对文化需求的各种自然、人文客体或其他因素，都可以称为文化旅游资源"，在这里主要借用这一概念进行探讨。文化旅游资源通常既有有形的，也有无形的；既有物质的，也有非物质的。它与旅游资源最大的区别就是，它更强调满足旅游者追求文化知识的需求。由此看来，旅游资源中的人文旅游资源就完全属于文化旅游资源的范畴。

二、文化旅游资源的主要类型

关于文化旅游资源的分类，至今也没有一个统一的标准。文化旅游资源所包含的内容极其之多，可以将文化旅游资源大致分为以下四类：建筑文化旅游资源、聚落文化旅游资源、民俗文化旅游资源和艺术文化旅游资源。

（一）建筑文化旅游资源

建筑文化旅游资源主要指的是我国的古建筑，它以深厚的文化底蕴构成了我国文化旅游资源的基础。我国古建筑的类型非常之多，主要有宫殿、坛庙、陵墓、府邸、民居、园林、寺观、城墙、桥梁、堤坝、楼阁等。

（二）聚落文化旅游资源

聚落主要指人类聚居的地方，包括乡村、城镇和城市。我国历史悠久、幅员辽阔，因而聚落大都以不同的建筑风貌展现在人们眼前。它们是历史、文化、艺术的综合体，能够反映一个地区的生活习俗、文化传统，以及艺术和审美观念。因而，作为一种重要的文化旅游资源，聚落能够让旅游者体验到物质文化与精神文化充分融合下的地域风采。

（三）民俗文化旅游资源

民俗文化是指由广大中下层劳动人民创造和传承的民间社会生活文化。它以社会性、传承性、相对稳定性、丰富性，以及鲜明的地域性特征成为最有特色的旅游资源。我国土地广阔、民族众多、历史悠久，因而民俗文化旅游资源相当丰富。随着21世纪文化旅游热潮的兴起，民俗文化大大激发了生活在现代城市快节奏中的人们的兴趣，因此，旅游业和旅游学领域都越来越重视如何更快更好地开发民俗文化旅游资源。关于民俗文化旅游资源的分类，不同的学者往往有不同的看法。有的根据旅游者的需求方式（行为动机），将其分为观光型民俗旅游资源、参与型民俗旅游资源、参考型民俗旅游资源、娱乐型民俗旅游资源和商品型民俗旅游资源；有的根据民俗文化旅游资源的本体属性，将其分为物质民俗文化旅游资源、社会民俗文化旅游资源和精神民俗文化旅游资源。当前，我国的民俗文化旅游还处在探索阶段，有些民俗文化旅游资源已经被开发出来，有些尚处于潜在开发阶段。

（四）艺术文化旅游资源

中国是世界四大文明古国之一，有着非常悠久的历史文化艺术传统，如书法、绘画、音乐、舞蹈、曲艺等。它们各具风格，也是重要的文化旅游资源。书法是最具有中国特色的传统艺术。它以汉字的方形结构和线条变化为基础，深刻地反映了中华民族的文化精神、伦理道德与审美情趣，具有非常独特的艺术形式及艺术魅力。中国绘画历史悠久，经过数千年的不断丰富、革新和发展，有着显著的民族风格和艺术成就。它主要以毛笔、墨和绢纸为工具，以点线结构为主要表现手段，讲求笔墨、气韵、意境、格调等，与西洋绘画有着根本的不同。音乐起源于原始人类的生产劳动，起源于人们对自然与动物声音的模仿，随着人类的不断进化和社会的不断向前发展，音乐成为人们表达感情的一种重要手段，并逐渐发展成为一种重要的艺术。舞蹈和音乐从起源之初，就一直联系在一起，它们是中国传统表演艺术的重要文化特征。中国舞蹈基本以大型群舞为主，同时还多执舞具而舞。发展到今天，其已然成为中华民族精神文化的重要表现形式之一。中国戏曲属于一种综合性的表演艺术，它将说白、表演、歌唱、舞蹈、音乐、绘画、雕塑、美工等多种艺术因素融为一体，因而它是人类艺术宝库中的瑰宝，现已与古希腊悲喜剧、印度梵剧共同被誉为世界古代三大戏剧流派。所有这些都是重要的艺术文化旅游资源，它们常常与一些文化旅游胜地紧密地联系在一起。

第四节　文化旅游资源的开发

一、文化旅游资源开发理论基础

文化旅游资源开发往往是在一定的理论基础上发展而来的。以下对文化旅游资源开发理论基础进行分析。

（一）文化产业开发理论

文化产业开发理论与文化旅游资源的开发有着最为密切的关系，其主要包括三个方面的重要理论，分别是文化生产力理论、文化资本理论和文化资源产业开发的二重规律。

1. 文化生产力理论

文化生产力的问题在较早的时间就已经出现了，只是没有被明确地提出来。从马克思开始，这一问题逐渐被明确地提出来了。在《1844年经济学哲学手稿》中，马克思提出"宗教、家庭、国家、法、道德、科学、艺术等，都不过是生产的一些特殊方式，并且受生产的普遍规律的支配"。在《哲学的贫困》里，马克思又提出"文明的果实"就是"已经获得的生产力"。这里很明显已经把文化作为"生产力"来看待了。到后来，马克思明确地提出生产力包括两种，即物质方面的生产力和精神方面的生产力，文化生产力属于精神方面的生产力。总的来说，文化生产力既具有意识形态特征，也具有非意识形态的物质性特征。前者主要从两个方面可以得出：第一，文化生产力具有精神生产的独特性，表现的是社会意识、社会关系等精神方面的发展成果；第二，文化生产力具有强烈的主观色彩，因为任何一个创造者都可以将自己的精神、思想、情感等诸多因素融入文化生产过程中。之所以说文化生产力具有非意识形态的物质性特征，主要是因为任何一种文化生产的过程都是精神的物化过程，只有通过物质的形式才能将精神产品表现出来。

2. 文化资本理论

法国著名社会学家皮埃尔·布尔迪厄（Pierre Bourdieu，以下简称"布尔迪厄"）在其《资本的形式》中首次提出了文化资本理论。他认为，资本主要分为经济资本、文化资本和社会资本三种。所谓经济资本就是"以财产权形式被制度化的资本，可以立即并直接换成金钱"；所谓文化资本就是"以教育资格的形式被制度化的资本，在某些条件下能转换成经济资本"；所谓社会资本就是"由社会关系组成的，以各种高贵头衔的形式被制度化的资本，在一定条件下也可以转换成经济资本"。其中，文化资本又被布尔迪厄分成三种形式：第一种是客观的形式，是指以图片、图书、乐器、机器等文化产品的形式存在；第二种是具体的形式，是指以精神或肉体持久"性情"的形式存在；第三种是体制的形式，是指以一种客观的、必须进行区别对待的形式存在。

文化资本理论被提出后，很多学者都对其进行了相应的研究，进一步发展了布尔迪厄的观点。例如，戴维·思罗斯比（David Throsby）认为，文化资本是继物质资本、人力资本、自然资本之后的第四种资本。我国学者吕庆华指出，文化资本是以财富形式表现出来的文化价值的积累，这种积累还会引起物品和服务的不断流动，其本身具有文化价值和经济价值，也是一种具有价值和使用价值的商品。

文化资本理论是整个文化产业存在和发展的基本理论之一，它为文化产业开发提供了一定的经济学理论基础。

3. 文化资源产业开发的二重规律

文化资源产业既受到一般的商品价值规律的影响，又受到社会价值规律的影响。这就是文化资源产业开发的二重规律。

（1）商品价值规律

商品价值是由生产商品的必要劳动时间决定，商品以价值为基础实行等价交换。它对文化产业开发的影响主要表现在文化生产及再生产过程中，文化产业的运作受供求机制、价格机制和竞争机制的强制影响，受等价交换原则、利润最大化原则的影响。需要注意的是，人类的精神需求往往是复杂多样的，文化产品在很多时候无法满足人类的精神需求，因而需求与满足之间的矛盾会越来越大。此外，市场不能对文化资源的社会价值进行筛选，如封建迷信、凶杀暴力等文化产品，通过一般价值规律不能完全调整，需要有关部门进行市场手段之外的管理。商品价值规律对文化资源的开发来说具有一定的局限性。

（2）社会价值规律

文化对人的精神能够产生持久的影响，这一点充分反映了文化的社会性特点。从这一特点来看，文化会影响人类价值观的产生。文化社会价值规律为文化资源开发提供了一个规范，它引导文化资源的开发向符合人们价值的方向发展。

（二）系统理论

系统理论的基本思想主要有两个：第一，要把研究或处理的对象看成一个系统，从整体上考虑问题；第二，要注重各子系统、要素之间的有机联系，以及系统与外部环境之间的相互联系和相互制约。文化旅游资源就是一个系统，具有系统本身的各种性质和功能，应从系统的观点来看待文化旅游资源。系统理论为文化旅游资源的开发提供了理论指导，提供了方法论基础。它要求人们在进行文化旅游资源开发时，必须对文化旅游资源的价值、功能、规模、空间布局、开发难易程度、社区状况、市场状况、旅游服务设施等诸多因素进行通盘考虑，合理配置，以使之产生最佳的综合效益。同时，还要加强区域之间的旅游交流与合作，促进区域旅游业的持续健康发展。

（三）可持续发展理论

世界环境与发展委员会在《我们共同的未来》中对可持续发展理论进行了明确的表述，即"既满足当代人的需要，又对后代人满足其需要的能力不构成危害的发展"。可持续发展理论在文化旅游资源开发中具有重要作用。可持续发展理论要求人们在进行文化旅游开发的过程中，首先要做到旅游资源的永续利用，兼顾局部利益和全局利益、眼前利益和长远利益，合理安排资源开发的序次，分期分批实施开发计划，不断开发新资源，设计新项目，保持旅游资源的吸引力经久不衰；其次要做到开发与保护并举，保证生态环境的可持续性、社会发展的可持续性、文化发展的可持续性。

二、文化旅游资源的调查与评价

（一）文化旅游资源的调查

文化旅游资源调查，顾名思义就是针对文化旅游资源进行的调查活动，这一活动能够全面系统地掌握文化旅游资源的相关情况，从而为合理开发文化旅游资源打下基础，为文化旅游资源的评价、分级和规划做好准备，为区域文化旅游产品的开发指明方向。可见，文化旅游资源调查是具有重要意义的。

1. 文化旅游资源调查的形式

文化旅游资源调查主要采用以下两种形式。

（1）文化旅游资源详查

所谓详查，就是指对全部文化旅游资源的状况，包括类型、数量、规模、质量、特点、开发利用情况、分布组合状况等，进行全面详细的调查。这种调查强调全面、完整，要求调查者对区域内全部文化旅游资源单体展开调查，并列出全部的"文化旅游资源单体调查表"。

（2）文化旅游资源概查

所谓概查，就是指对某一特定区域或专门类型的文化旅游资源进行调查。这种调查强调的是类型。概查虽然周期短、见效快，但是信息不完整，容易对区域内文化旅游资源的评价造成偏差，因此在实际的文化旅游资源调查中，应尽量将概查与详查充分结合起来应用。

2. 文化旅游资源调查的内容

（1）环境

开展文化旅游资源的调查工作，首先应对相关环境进行调查。这里的环境主要指的是自然环境、人文环境和政策环境。自然环境是文化旅游资源得以生存和发展的基本条件，如果不先对文化旅游资源区的自然环境进行调查，就无法正常地开展文化旅游资源调查。对自然环境进行调查，调查的主要是被调查区域的地质地貌、水体、气象、气候、动植物等的基本情况。在一个区域内，正是存在特定的人文环境，才会形成独特的文化现象，产生区域特有的文化资源。可见，人文环境为文化旅游资源开发提供了重要的资源。因此，调查人文环境是文化旅游资源调查中不可缺少的一项内容。区域内的法律政策能够为文化旅游资源的开发者提供开发的主要法律依据。明确这一点，对于熟悉环境自然也是必需的。

（2）文化旅游资源本身

调查文化旅游资源本身是整个调查工作中最重要的一项。调查的内容包括文化旅游资源的类别、特点、数量、规模、成因、等级、组合状况、分布状况等。

对于这些内容的调查，应注意获得相关的照片、分布图、录像等。

（3）开发现状及开发条件

调查文化旅游资源的开发现状，主要是为了确定资源现在正处于哪种状态，是已经充分开发，还是部分开发，还是完全未开发，由此来确定该资源还值不值得开发。调查文化旅游资源的开发条件，主要是为了充分掌握所在地的住、行、食、游、娱、购六大要素、距离客源市场的距离及邻近资源和区域内资源的相互关系等，以此来确定该地区资源是否符合开发的条件。

（4）客源状况

调查区的客源状况也是一项需要调查的内容，其主要包括可能的客源、客源的层面范围和大致数量、产生客源的积极因素和不利因素，以及邻近地区的旅游资源对调查区客源产生的消极影响或积极影响。

3. 文化旅游资源调查的过程

文化旅游资源的调查是一个相对复杂的过程。这一过程具体可划分为以下几个阶段。

（1）准备阶段

在正式开展调查之前，一般都会先做好前期准备工作。就文化旅游资源调查而言，以下几个方面的准备工作不可缺少。第一，组建调查队伍。文化旅游资源调查不是一个人就可以完成的事情，需要众多人员的参与。因此，调查之前要组建调查队伍。调查队伍中的人员应有相关的专业知识和能力，确定好人员后，还应对其进行调查前的培训。第二，制订好具体的调查计划，并做好资源调查分类体系和调查问卷表。第三，要让调人员明确调查问题，确定调查所要实现的具体目标。第四，准备好调查过程中需要的相关设备，如测量仪器、照相机、摄影机等。

（2）实施阶段

在正式实施调查的过程中，调查者必须做好资料收集的工作，既要重视二手资料的收集，也要重视一手资料的收集。二手资料主要通过文化部门、旅游管理部门、相关行业内部或知网、相关刊物、专辑或互联网等渠道进行收集，收集的主要是相关证据、数字、文字、录音等。收集这种资料的速度相对较快，且节省费用。不过，调查者需要对收集到的资料进行仔细甄别，在确定其真实与可靠之后，才可用于调查中。二手资料往往只能作为具体调查的基础，收集一手资料才是调查中的重点。一手资料需要进行实地勘察，即对实际的文化景观、文化现象进行具体的测量、拍摄等，或者访问当地居民。一手资料相对于二手资料来说往往更加准确、完整，可以在一定程度上对二手资料的可靠性与真实性进行鉴别。

（3）分析获得成果阶段

在这一阶段，调查人员需要对获得的各种资料进行系统的整理和分析，筛选出重要信息，并编辑成具体的文本形式，形成完整的调查成果。一般情况下，调查成果应以"文化旅游资源调查报告"的形式表现出来。"文化旅游资源调查报告"主要包括以下内容。第一，前言包括调查任务来源、目的、要求，调查区位置、行政区划与归属、范围、面积，调查人员组成，调查期限，工作量和主要资料及其成果，等等。第二，调查区文化旅游环境包括调查区自然地理特征、交通状况和社会经济状况等。第三，文化旅游资源开发历史和现状包括旅游资源的成因、类型、分区、特色、功能结构、开发现状等。第四，文化旅游资源单体报告包括调查区域内所有文化旅游资源单体的类型、名称、分布位置、规模、形态和特征等。在此处，可附上素描画、照片、摄影资料等。第五，文化旅游资源的初步评价。通过对调查区的文化旅游资源进行定性和定量的评价，来确定文化旅游资源的级别和吸引力。第六，文化旅游资源保护与开发建议。阐明调查区内的旅游资源开发指导思想、开发途径、步骤和保障措施。第七，参考文献。注意按学术规范要求选取与编排参考文献。第八，附图。根据调查结果绘制文化旅游资源分布图。该图要客观反映调查区内文化旅游资源的基本类型及其名称、性质，以及旅游资源周边的自然、人文环境状况。

4. 文化旅游资源调查的方法

（1）资料统计法

资料统计法是指收集调查区现有的相关文化资源资料，进而进行统计、分析、预测该区域内文化旅游资源的价值。该方法一般用于已经开发的文化旅游资源或者普及度较高、资料比较丰富的文化旅游资源。

（2）实地调查法

实地调查法是指对文化旅游资源进行系统的、详细的现场调查。采用这种方法，调查者可以通过观察、踏勘、摄像等手段直接接触文化旅游资源，获得宝贵的一手资料，从而确保资料的真实可靠性。需要注意的是，在使用这种调查方法时，调查者要勤于观察，善于发现，及时记录，现场摄录，认真总结。

（3）询问调查法

询问调查法是指通过访谈询问来了解文化旅游资源的真实状况。由于文化旅游资源是一种特殊的旅游资源，属于特定群体的文化资源，因此很多时候只依靠资料统计法和实地调查法不能获取最完整的资料。而询问调查法则能够使调查者从旅游资源所在地部门、居民及旅游者中及时了解文化旅游资源的客观事实和难以发现的事物或现象，对调查结果进行进一步的补充。询问调查的具体形式有问卷调查、卡片调查、面谈调查、电话调查等。采用问卷形式时，一定要注意问卷设计要合理，分发收回的程序要符合问卷调查的规定，以保证结果有效、合理。采用面谈形式时，要求预先设计好要询问或讨论的问题，且选择的调查对象应具有代表性。

(二) 文化旅游资源的评价

文化旅游资源评价是在文化旅游资源调查的基础上进行的更为深入的分析和研究，主要指通过各种有效的评价方法对文化旅游资源进行价值判断。它是进行文化旅游资源保护和开发的必要前提。对文化旅游资源进行评价，能够真实地反映文化旅游资源的开发价值，为文化旅游资源的开发提供科学的依据，能够确定旅游开发项目和设计旅游开发程序。与自然旅游资源的评价相比，文化旅游资源的评价要复杂得多，因为其所受到的影响因素较多，既有文化旅游资源本身的因素，也有人为的因素。因此，在文化旅游资源开发过程中，做好文化旅游资源的评价并不是一件容易的事。

1. 文化旅游资源评价的原则

由于文化旅游资源本身包罗万象，涉及多学科的多个方面，很多时候难以确定一个统一的评价标准，同时不同的人往往会有不同的认识和审美情趣，因此也会造成评价结论的不一致。这就需要评价者在进行文化旅游资源评价时，注意遵循以下原则。

(1) 实事求是原则

文化旅游资源是客观存在的事物，不论人们是否发现它们，也不论人们是否真正看重它们，它们都是存在的。因此，评价者一定要从实际出发，本着实事求是的态度对待文化旅游资源，如实地、科学地评价文化旅游资源的特点与价值，既不任意夸大，也不随意缩小。

(2) 科学原则

科学原则是指评价者在评价文化旅游资源的过程中，要有科学的态度，要充分运用地理学、美学、历史学、建筑学、民俗学等多方面的科学理论知识，科学地解释和评价文化旅游资源的形成、本质、属性、价值等核心内容。

(3) 发展原则

文化旅游资源最大的一个特点就是具有浓厚的文化性，而文化主要反映在一个民族的生活习惯、习俗、语言等方面，它是随着社会的发展而不断发生变化的。因此，在对文化旅游资源进行评价时，评价者要用发展的眼光来看待文化旅游资源，从而对其做出积极全面的评价。

(4) 多角度原则

文化旅游资源的内容极其丰富，不同的内容有着不同的特点，如果只从一个角度对文化旅游资源进行评价，必然难以得出一个客观、公正的评价结果。因此，文化旅游资源的评价一定要遵循多角度原则，即从多个角度出发，对文化旅游资源进行全面系统的评价，从而得出更为准文化旅游资源的开发规模及开发后的继续发展性。

2. 文化旅游资源评价的方法

（1）统计报表评价法

统计报表评价法是指对文化资源基础资料进行收集和整理，然后运用统计手段，统计出一些精确的数据，并将这些数据以报表的形式制作出来。根据报表数据的显示，对文化旅游资源做出科学、客观的评价。

（2）专家系统评价法

专家系统评价法是指征询多名专家的意见，然后对这些意见进行科学合理的总结评审，得出评价结果。比较典型的就是德尔菲法，即用背对背的通信方式征询专家小组成员的预测意见，经过几轮征询后，集中预测意见，得出符合市场未来发展趋势的结论。

（3）"三三六"评价法

"三三六"评价法是由北京师范大学的卢云亭提出来的，其内容是"三大价值、三大效益、六大开发条件"。其中，"三大价值"指文化旅游资源的历史文化价值、艺术观赏价值、科学考察价值；"三大效益"指文化旅游资源开发之后的经济效益、社会效益、环境效益；"六大开发条件"指文化旅游资源所在地的地理位置和交通条件、景象地域组合条件、旅游环境容量条件、旅游客源市场条件、投资能力条件和施工难易程度条件。文化旅游资源的评价也可以采用这一方法。

（4）一般体验性评价法

一般体验性评价法是一种定性评价方法，指评价者亲自去某一个地方或某几个地方进行体验，对所体验的文化旅游资源的整体质量进行评价。这种评价很多时候由传播媒介或行政管理机构发起，且限定在已经接待游客的旅游地。

三、文化旅游资源开发的总体规划

在对文化资源进行调查与评价之后，就可以根据相关的结论来对文化旅游资源开发进行合理的总体规划。总体规划的过程主要由以下五个环节构成。

（一）文化旅游资源开发的目标制定

通过调查与评价确定出合适的文化旅游资源后，就可以进行可行性分析，制定出文化旅游资源开发的目标。所谓文化旅游资源开发的目标，就是指某文化旅游资源发展的方向和所要实现的最终目的。它是文化旅游资源开发的灵魂所在。文化旅游资源开发目标可以分为区域的经济发展目标、环境建设目标、社会发展目标、遗产保护目标等。需要注意的是，文化旅游项目不同，其目标也会有所不同。但是无论项目有多少目标，每个项目的目标有多不同，每个项目都有一个总体目标，这个目标必须能够量化的，能够测评的。根据总体目标，还可以制定出一些阶段性目标。

（二）文化旅游资源开发的定位

所谓定位，指的是确定方向，指出方位。文化旅游资源开发的定位，主要是指文化旅游资源开发者从不同角度确定文化旅游资源的特征，并设计其形象、功能、市场和模式，以适应游客的行为。文化旅游资源开发的定位可以分为四个方面。

1. 形象定位

形象定位主要是指文化旅游资源开发者为游客树立一个鲜明独特的形象，满足游客的兴趣或偏好，使游客很容易留下深刻的印象。

2. 功能定位

功能定位是指开发者确定所开发出来的文化旅游资源适应于开展文化旅游活动的总体功能。

3. 市场定位

市场定位是指要确定目标市场，明确所开发的文化旅游资源是适合境外市场、全国市场还是地方市场。

4. 模式定位

文化旅游资源开发往往可以依据不同的标准划分出不同的开发模式。例如，依据投资主体划分，有政府主导型模式、企业主导型模式、民间投资主导型模式、外商投资主导型模式等；依据地域划分，有东部精品开发模式、中部特品开发模式、西部极品开发模式等。这就需要在进行总体规划的过程中，根据各方面的不同需求，选择适合的开发模式。

（三）文化旅游资源开发的区域

文化旅游资源的空间规模取决于文化旅游资源开发的区域确定。只有明确了所规划区域的范围和规模，才能进行具体的项目布局，进一步实施项目。因此，这一环节也是不能缺少的。

（四）文化旅游资源开发项目的总体布局

项目总体布局主要是指对文化旅游资源开发项目的各个要素进行布局，确定项目的功能区域分布。它是整个项目总体规划的关键环节，项目是否成功与总体布局是否合理有非常大的关系。在项目总体布局过程中，规划者不仅要对主要旅游景点、景物进行布局，还要对相关配套设施进行布局和规划。

（五）文化旅游资源开发步骤和主次的确定

为了使文化旅游资源开发项目合理有序地完成，在总体规划中就要对项目中的重点部分和基础部分进行确定，具体分析出项目开发应该先进行什么，后进行什么。

第五章　体育旅游经济

第一节　体育旅游概述

一、体育旅游的概念

体育旅游是产业高度融合的产物。体育旅游是体育产业与旅游业高度融合形成的新型产业,体育旅游行业的兴起,是社会发展的必然趋势。体育旅游的发展能够对区域经济发展起到推动作用,也能够对社会物质文明和精神文明的发展起到推动作用。体育旅游在近些年呈现出高速增长的趋势。在国家相关政策的引导和推动下,体育旅游覆盖范围不断拓展,向着多元化发展。体育旅游在取得较好的经济效益的同时,也对区域经济的良性发展起到了极大的推动作用。

二、体育和旅游的关系

(一) 从消费角度看,体育的集合效应为旅游业集聚人群

旅游消费和体育消费有交叉的部分,把体育的某些基因植入旅游中,两者通过融合,补齐短板,最终实现消费增值。体育可以集聚人群。在旅游业淡季,可在旅游景点举办体育赛事。因为每种体育项目都有相对稳定的粉丝群。举办体育赛事可以吸引粉丝,而大量的粉丝能够带动旅游景点的经济发展。

(二) 从市场角度看,体育的国际性特点为旅游业提供市场

体育产业相比其他产业,拥有天然的国际市场优势。旅游可以通过体育赛事的巨大影响力吸引国内外游客,以提升旅游产业的价值。

（三）从产业角度看，旅游业和体育业相辅相成

旅游产业关联性强，有食、住、行、游、购、娱等六大要素。另外，体育产业的渗透力和关联性也很强，拥有广大的爱好者和丰富的赛事组织经验。产业间关联性越强，资源相互利用率就越高。旅游业和体育业在强身健体、社会交际等方面具有较强关联性、相似性，旅游业为体育业提供了较好的平台，体育业为旅游业提供了更广的需求和更大的利润空间。

三、"旅游+体育"融合对体育旅游的意义

（一）体育赛事与旅游资源结合，可以产生"1+1＞2"的效果

体育赛事与旅游资源紧密结合，成为近年来各地举办赛事的基本方略。文化和旅游部数据显示，2016年1月至4月，全国各地举办了311场大型体育赛事，观赛和参赛共计338万人，由赛事产生的旅游、交通、餐饮等消费达119亿元，对举办地的经济拉动超过300亿元。中国旅游研究院院长戴斌表示，随着国民生活水平提升和消费升级，从需求侧来看，户外休闲、群众性体育活动正在成为人们的自发性需求。旅游正从传统的观赏性旅游向体验型旅游发展，而体育旅游正好满足了这种需求。当前，"体育+旅游"融合发展已成为一种趋势和潮流。特色赛事与特定旅游资源的有机结合，有助于激发旅游资源新动能，也有助于推动体育事业的发展。

（二）"旅游+体育"的融合有利于提高体育旅游的重游率

一般观光性旅游主要是满足游客的视觉需要，"故地重游"的现象较少。这是因为在观光过程中，同一目的地的旅游资源，不易再次吸引游客的注意力，也不能满足游客求新、求异的生理和心理需求。而体育旅游则不同，相对于一般观光旅游，其更具有招徕游客的作用。首先，目前健身、保健是人们生活中关注的焦点，体育旅游的健身性、保健性符合并满足了人们的需求；其次，体育旅游是一种参与度较高的活动，更能激发游客的兴趣；最后，目前体育是种时尚，旅游也是种时尚，体育与旅游的结合更能成为人们追捧的对象。

四、体育旅游产业的发展特征

体育旅游产业将体育产业和旅游业的优势结合在一起，具有专业性强、运营安全要求高、初始投资成本大、时效性突出和社会效应明显等方面的特征。这些特征使得体育旅游产业在发展过程中需要将运营目标与社会发展的实际充分结合在一起，在人才和资金投入上做好规划，从而促进体育旅游事业各方面发展水平的不断提高，为区域经济发展作出应有的贡献。就目前情况而言，虽然我国的体

育旅游事业还有较大的提升空间，还存在较多欠缺，但是其在区域经济发展过程中的作用已经初步呈现。深入分析体育旅游发挥的作用及其局限，有利于提升体育旅游产业的发展水平，为体育旅游事业的发展指明方向，为区域经济发展奠定良好的基础。

五、体育旅游对区域经济发展的促进作用

（一）体育旅游能够拉动地方经济发展

在体育旅游规划和建设过程中，领导部门需要根据当地体育产业发展的整体形势和自然资源的特点进行综合规划，因地制宜地开展体育旅游项目的引进和建设工作。这样不仅能积极高效地推动项目落地，还能确保体育旅游项目的吸引力，提升项目在运营过程中的核心服务力。体育旅游项目开展所带来的收益不仅包括直接性的门票收入，还包括相关的交通、餐饮等多种类型的周边产业所带来的收益。体育旅游项目具有其自身的特征，尤其是在开展周边服务的过程中，要尽量提高体育项目的专业化程度，增强体育项目的趣味性，拉近体育旅游项目与普通消费者的距离。此外，还应充分体现体育项目具有的区别于专业竞技性体育项目的特色，以此来打造独特、个性的体育旅游项目，为当地经济发展注入更多活力。

（二）体育旅游能够促进当地产业结构的调整

产业结构的不同比例在一定程度上决定着当地社会经济发展的程度，体育旅游项目落地的区域，一般是城市近郊区或者稍微偏远但自然条件比较优越的乡镇区域。体育旅游项目的发展，能够改变原来区域经济发展中侧重于单一经济发展模式的现状，促进当地经济的良性发展。例如，在大型赛事举办期间，可以依托体育赛事自身的发展，并采取积极有效的对策，引导消费者参与更加丰富的旅游项目，从而促进区域经济内第三产业比例的提升。体育旅游行业本身就属于环境友好型产业，不仅能够产生较高的经济效益，同时还能产生较好的社会效益。在体育旅游项目发展到一定程度时，除了确保自身的良性发展，还要带动旅游设施和体育用品等相关行业的发展，甚至促进农业与工业的发展，从而为促进区域经济的良性发展，确保经济结构的完整性作出贡献。

（三）体育旅游可以促进就业

体育旅游产业的运营是综合性的服务模式，在其运营过程中，不仅要为消费者提供内容丰富的体育活动，还要为其提供休闲娱乐、旅游等文化类型的服务项目。这就要求运营方在组织实施过程中不仅要具有较高的策划能力，还要具备各种层次的从业人员，以较好地开展相关服务。对从业人员的需求能够极大地影响周边居民的就业率。为提高从业人员素质而开展的技能培训等活动，有助于提升

从业人员的整体技能水平，从而创造出更多的经济价值。此外，体育旅游产业的发展在带动周边产业发展过程中，也可以促进广告、保险、交通运输等行业的发展。

（四）体育旅游能够提升区域品牌效应

目前，我国各个地区都在积极发展具有地方特色的体育旅游项目，包括自行车赛、攀岩赛、马拉松赛等。通常，这些赛事在举办时与当地的旅游特色等进行了有机结合，这有助于促进区域品牌效应的提升。在国家相关政策的推动和支持下，具有地方文化特色的体育旅游小镇也开始逐渐兴起，其将体育休闲、旅游、养老、教育、培训和文化等多种服务功能结合在一起，不仅能促进更加完善的体育旅游产业链的形成，还能提升体育旅游的品牌效应，提高体育旅游产业的整体发展水平。区域品牌效应的提升，是未来城市发展所必须倚重的途径之一，体育旅游产业的发展是促进区域品牌效应提升的重要方式。体育旅游与区域品牌效应可相互促进，共同发展。体育旅游产业在未来发展中具有广阔的市场空间，其不仅能促进区域经济结构的调整，提升区域经济的发展水平，还将成为精神文明建设的重要载体。但是在我国体育旅游事业发展过程中，体育旅游与区域经济发展的融合程度总体上还比较低，在宏观规划和投资制度等方面还存在较大欠缺等，使得体育旅游事业的发展受到较大的限制。

六、体育旅游项目设计的原则、内容与程序

（一）体育旅游项目设计的原则

1. 市场导向原则

体育旅游项目开发必须基于市场环境，最大限度地面向市场需求，时时关注市场动态，以获取体育旅游市场的需求和变化趋势。同时，体育旅游项目的开发必须以游客为中心，针对不同区域、消费层次的市场需求，充分利用自身丰富的资源优势，并经过策划、设计、组合，打造多元化、多功能的体育旅游产品。体育旅游项目开发以市场为导向，旨在不断扩大消费范围和消费规模，提升消费品质，以提高经济效益。

2. 因地制宜原则

体育旅游项目对当地的资源条件有很强的依赖性。由于地理环境、社会经济、文化环境等的不同，各地资源条件通常存在显著的地区差异，而资源特色是区域体育旅游产生和保持强大吸引力的基础。各地体育旅游资源的开发，绝不能丢弃特色、抛弃优势，进行不符合自身实际情况的简单模仿和重复，应该准确把握体育旅游市场需求和产品的发展趋势，创造性地发挥体育旅游资源与市场的优势，

因地制宜地开发具有鲜明地域特色的旅游项目，以塑造体育旅游品牌的核心竞争优势，树立起区别于其他地域的独特形象，创造良好的文化旅游氛围。

3. 差异化原则

体育旅游产品的开发必须是多层次和全方位的，要满足体育旅游者的需求差异。根据游客的偏好、收入、职业、性别等，经营者可开发出不同类型和不同价位的产品。各单项体育旅游产品构成比例要协调、合理且具有互补性，这样才能有效利用当地旅游资源，顺利进行生产并避免恶性竞争，进而实现整个行业的良性发展。

4. 安全原则

在游客参与体育旅游活动的过程中，应强化游客的安全意识，加强安全管理措施。一方面，体育旅游开发的产品和项目，应以运动健身相关理论为基础，使游客循序渐进地参与到体育旅游活动中，帮助他们缓解疲劳，提高他们的生活质量。另一方面，在进行体育旅游的过程中，相关人员应督促游客做好安全防护，相关机构应制定应急突发预案，以避免意外事故的发生。此外，相关部门还应建立体育旅游救援机制，以保障游客的安全。

（二）体育旅游项目设计的内容

1. 旅游项目的名称

旅游项目名称的设计关系到项目在第一时间对游客的吸引力，也是让游客记住旅游项目的重要途径。好的旅游项目名称能够为项目增色，因此，要在仔细揣摩游客心态的基础上为旅游项目命名，力争通过有创意的名称来吸引游客。

2. 旅游项目的风格

旅游项目设计的主要内容之一就是要指明项目的特色和风格，并对项目的外观设计方向加以约束，以便使游客感受和把握项目中所蕴含的风土人情和文化氛围。

3. 旅游项目的产品体系

旅游项目设计要明确项目的主导产品和支撑产品等，以便形成完整的旅游产品体系。

4. 旅游项目的实施与管理

旅游项目设计不应仅仅停留在文本和图纸设计的层面上，还应涉及项目之后的经营管理问题。所以旅游项目设计还应对项目的工程建设管理、日常经营管理、服务质量管理及经营成本控制等内容进行相应的安排。

（三）体育旅游项目设计的程序

1. 体育旅游项目环境分析

在进行旅游项目设计时，首先应了解自己竞争对手的情况、影响景区开发和经营的各种环境因素。对景区的内部环境进行分析，主要是分析自然资源、人力资源和财力资源等；对外部环境分析，主要是分析旅游市场的需求状况、竞争状况和需求趋势等。对景区内外环境的分析有助于项目设计者找到项目的创新点或该景区与其他景区项目之间的差异点。

2. 体育旅游资源特色分析

体育旅游项目的内涵和形式要以当地资源特色为基础，这就需要项目设计者在旅游资源调查过程中，对旅游开发地的旅游资源、周边环境及相关资源进行详细分析，并总结出不同旅游功能分区的资源特色；项目设计者也可以对全国及周边区域相似的资源进行比较分析，并形成资源评价报告，以此作为旅游项目设计的基调。

3. 体育旅游项目策划的市场调查

在旅游市场的调查研究中，必须认真研究游客的行为，把握游客行为的特征。游客在目的地的移动过程对目的地商业业态空间布局起着决定性的作用，对游客行为与商业业态关系的研究和对竞争者的分析是市场调查的重点。项目设计者可以依据调查结果，分析市场需求，提出精确的市场定位与市场目标。

4. 体育旅游项目的初步构想

通过前期的环境分析、资源调查和市场调查，项目设计者可以对项目区域的发展方向进行定位，包括初步的主题定位、发展目标定位、功能定位、运营战略定位等，同时提出项目的初步构想。

5. 体育旅游项目构思的评价

项目设计者所拥有的成型的旅游项目构思并不一定全部具备实施的可行性，因此，项目设计者需要甄别自己的项目构思。在项目设计以市场为导向的原则下，从市场需求规模、项目建设、运营成本、项目的生命力等角度评估其项目构思，并通过评估将成功概率较小的项目构思淘汰，而保留那些成功概率较大的项目构思。

第二节　体育旅游资源的含义与特征

一、体育旅游资源的含义

体育旅游资源是旅游资源中的一个大类，科学地界定体育旅游资源是开发体育旅游资源的前提条件。目前国内对其含义的界定主要有以下几种。

（1）体育旅游资源是一切为人们开展体育和健身活动所提供的身体活动场所、项目和物质环境。

（2）体育旅游资源是指在自然界或人类社会中凡是能对体育旅游者产生吸引力，并能进行体育旅游活动，为旅游业所利用且能产生经济、社会、生态效益的客体。

（3）从广义上讲，体育旅游资源是在自然界或人类社会中凡能对体育旅游者产生经济、社会、生态效益的各种事物与因素的总和；从狭义上讲，体育旅游资源是指体育旅游的客体，即体育旅游的吸引物和景点景区。

（4）体育旅游资源是可供开发体育旅游产品的旅游资源，包括一切具有旅游吸引潜力的体育事物（含人物）和体育现象。

（5）体育旅游资源是指在自然界或人类社会中凡能对体育旅游者产生吸引力，诱使人们做出体育旅游行为，并能为旅游业所利用而产生经济、社会、生态效益的诸事物的总称。

综上所述，体育旅游资源是指在自然界或人类社会中凡能对体育旅游者产生吸引力，并能进行体育旅游活动，为旅游业所利用而产生经济、社会、环境效益的各种事物与因素的总和。

二、体育旅游资源的特征

体育旅游资源是旅游资源的一部分，也是地理环境的一部分，它的特征反映了一定的地理环境的特点，但又不等同于地理环境。根据旅游资源的特征和体育旅游的特点，体育旅游资源具有如下特征。

（一）美学性

体育旅游是人类高层次的文化活动和审美实践活动。体育旅游者参与旅游活动，在雄伟、险要、奇特、秀美、幽深、开阔的体育旅游资源环境中，体验丰富多彩的民俗活动或观看高水平的运动竞赛。

（二）多样性

体育旅游者来自不同国家、民族和地区，有着性别、年龄、职业和文化程度的差异，在同一类人群中还有兴趣、爱好、需求不同的情形，这就要求体育旅游资源要具有多样性和广泛性。换言之，体育旅游资源是自然、民族和文化的精华，在体育旅游产业的开发中均可把其美学特征和文化内涵转化为体育旅游资源。

（三）地域性

地理环境受地理分布规律制约，形成区域、民族的差异。作为地理环境一部分的体育旅游资源，也呈现出地域差异性和地方特色。

（四）稀缺性

体育旅游资源是自然界的造化，是人类历史文化精髓的物化形态，尤其是民俗型体育旅游资源在数量上具有稀缺性和有限性。

（五）季节性

体育旅游资源的季节性主要体现在，只有在特定的季节人们才能开展某项体育旅游活动，例如，只有在冬季游客才能参加滑雪旅游，在春天游客才能去踏青旅游，在夏季游客才能游泳、潜水等。

（六）萌生性

萌生性是指体育旅游资源的自然人文景象和因素，在总体和性质上是不断萌生和变化发展的，具有再生性和变异性的特点，而且在地域上不具有垄断性，如现代体育文化、体育旅游吸引力、民族体育新风尚等。

第三节　体育旅游资源的分类

一、体育旅游资源的分类原则

随着科技的进步、社会的发展，体育旅游资源的内涵也在不断地延伸，体育旅游资源的种类与数量越来越多。对体育旅游资源进行科学的分类，是认识与研究体育旅游资源的前提条件，同时为因地制宜地合理开发体育旅游资源提供了理论依据。一般来讲，体育旅游资源应把握以下分类原则。

（一）成因机理原则

体育旅游资源是自然形成的，经人与自然上千年的共同创造和保护才得以展现，因此，在体育旅游资源分类中要认真研究资源形成的原因及机理，揭示体育旅游资源的基本属性。

（二）主导因素原则

体育旅游资源的形成受众多因素的影响，其中一个是起主导作用的。认真研究体育旅游资源形成过程中的主导因素，并以此为标准进行分类，可以掌握体育旅游最主要的特征，为相应体育旅游产品的开发提供科学依据。

（三）游憩价值原则

体育旅游资源在市场条件下，总是以一定的价值形态存在的。根据游憩价值原则进行分类，可以揭示体育旅游资源的价值。在对体育旅游资源的进一步分类中，可以根据其游憩价值分类，如根据其长短高低、难度大小、挑战险情、刺激强度确定其价值。

（四）功能动机原则

按照体育旅游资源的功能来分类，可以研究资源的现实功能和潜在功能，并揭示其功能与满足旅游者动机之间的可能性，更好地开发体育旅游资源。

二、体育旅游资源的分类方法

目前国内对体育旅游资源的划分还没有统一的标准。很多学者和专家所论述的体育旅游资源分类体系与《旅游资源分类、调查与评价》标准类似。1992年版《中国旅游资源普查规范（试行稿）》中，将旅游资源分为自然旅游资源和人文旅游资源两个大类，各分为3个小类，共包含74个基本类型。1997年版《中国旅游资源普查规范》将旅游资源分为3个景系、10个景类、95个景型。2018年7月1日实施的《旅游资源分类、调查与评价》国家标准，将旅游资源分为8个主类、23个亚类和110个基本类型。很多专家对体育旅游资源的分类也是从主类、亚类、基本类型三个层次进行的。

我们可从不同的角度对体育旅游资源进行分类，具体如下：按照体育旅游资源的功能，可将体育旅游资源分为娱乐型体育旅游资源、观光型体育旅游资源、探险型体育旅游资源等；按照体育旅游者的动机，可将体育旅游资源分为度假型体育旅游资源、休闲型体育旅游资源、观光型体育旅游资源、拓展型体育旅游资源等；按照体育旅游资源的承载力，可将体育旅游资源分为脆弱型体育旅游资源、耐受型体育旅游资源、再生型体育旅游资源、不可再生型体育旅游资源等；按照体育旅游资源的成因，可将体育旅游资源分为自然体育旅游资源、人工体育旅游资源、人文体育旅游资源等；按照体育旅游的地理属性，可将体育旅游资源分为海滨型体育旅游资源、沙漠型体育旅游资源、森林型体育旅游资源、冰雪型体育旅游资源、山谷型体育旅游资源等；按照体育旅游者的参与程度分类，可将体育旅游资源分为参与型体育旅游资源、观赏型体育旅游资源等。

上述分类方法，从不同的侧面揭示了体育旅游资源的基本属性和特征，但任何单一的分类方法，都难以全面揭示体育旅游资源的总体属性与特征。因而，应当研究实行综合分类，这是一个重要的研究课题。

第四节　体育旅游市场

市场是生产力发展到一定阶段的产物，是商品生产和商品交换过程中产生、形成的商品和劳务买卖的场所，以及商品和劳务交换所联结起来的人与人之间各种经济关系的总和。市场有狭义和广义之分。狭义的市场是指在一定的时间和一定的地点进行商品交换的场所或领域；广义的市场不仅指商品交换的场所，而且指通过商品交换和流通所反映出来的各种经济现象，以及由其联结起来的人与人之间的经济关系。

一、体育旅游市场的构成及功能

体育旅游市场是商品市场中的一个种类，是社会分工进一步深化、商品生产发展到一定阶段的产物，是体育旅游产品供求双方交换关系的总和。体育旅游市场是指体育旅游产品供给者与体育旅游消费者进行产品交换的场所，以及在交换过程中出现的各种经济现象和经济关系。

（一）体育旅游市场的构成

从经济学的角度看，体育旅游市场由三要素构成。

1.市场主体

体育旅游市场的主体是指参与体育旅游产品交换的买卖双方，即体育旅游产品的生产者及消费者。体育旅游的生产者是指生产体育旅游产品及提供体育旅游服务的企业、个人及其他社会团体。

2.市场客体

市场的客体是指可供交换的体育旅游产品，包括各种有形和无形的体育旅游资源及服务，也包括现存的体育旅游产品和未来的体育旅游产品，用于满足人们的体育旅游需求。

3.市场中介

市场中介是指联结体育旅游市场主、客体之间的桥梁，如价格、竞争、旅游中间商、旅游质监机构等。市场中介组成了体育旅游市场的主体、客体以及主客体之间的媒介体系。

（二）体育旅游市场的功能

体育旅游市场的功能主要指的是其对体育旅游产品的供需所发挥的作用，其主要表现在以下四个方面。

1.体育旅游产品的交换功能

体育旅游市场是联结体育旅游产品生产者和体育旅游需求者的媒介。体育旅游产品的生产者及服务的提供者通过市场为自己的产品和服务找到买者，体育旅游需求者通过市场选择并购买自己感兴趣的产品。市场是促成体育旅游产品进行交易的必要条件。

2.体育旅游资源的配置功能

体育旅游资源是体育旅游发展的基础，体育旅游发展的目的最终需通过体育旅游市场得到实现。市场需求是体育旅游开发的导向。体育旅游市场可以通过检验体育旅游产品质量的优劣来实现旅游资源配置，提供体育旅游者易于接受、乐于消费的体育旅游产品，在保证资源持续利用的基础上合理配置体育旅游资源。

3.体育旅游信息的反馈功能

体育旅游市场是体育旅游供给者获取体育旅游需求信息的主要来源，而体育旅游者的经济活动通过市场动态表现出来。体育旅游市场通过自身传递信息为体育旅游目的地的发展规划或经济决策提供依据。

4.体育旅游经济调节功能

在供需、价格、竞争等机制的推动下，体育旅游市场可以调节体育旅游供求平衡。通过市场调节，还可以实现社会经济资源的优化配置，合理分配劳动。

二、体育旅游市场细分

市场细分的概念是20世纪50年代由美国市场营销学家温德尔·史密斯提出的。市场细分又被称为市场分割，它是按照购买者的需要和欲望、购买态度、购买行为特征等不同因素，把一个市场划分为若干不同的购买者群体的行为过程。如今体育旅游需求呈现个性化、多元化，体育旅游业要为体育旅游客源市场上所有的顾客提供同样的产品和服务几乎是不可能的。因此，通过市场细分进行目标市场的选择，以及在此基础上进行市场定位，是体育旅游市场开发者必须重视的一项工作。

体育旅游市场细分是指根据体育旅游者的需求、偏好、购买行为和购买习惯等方面的差异性，把一个整体的体育旅游市场划分为若干个消费者群的市场分类过程。所划分出来的每一个消费者群就是一个细分市场。

（一）体育旅游市场细分的意义

体育旅游市场细分是分析体育旅游消费需求的一种手段，对于制定正确的市场营销策略和进行合理的营销组合，乃至对整个营销系统均具有重要的意义。客源市场被划分得越细，营销就越有差别性和针对性。

1.有利于发现最佳的市场机会

体育旅游需求存在着差异性，任何一家体育旅游企业在体育旅游市场上都只拥有相对优势，而不是绝对优势。体育旅游市场上存在着大量的市场机会，但是这些机会能不能被体育旅游企业抓住并转化为自己的竞争优势，取决于体育旅游企业的资源潜力、市场适应性和选择性。市场细分有利于体育旅游企业分析、发掘新的市场机会，形成新的、富有吸引力的目标市场。

2.有助于掌握目标市场的特点

不进行市场细分，体育旅游企业选择市场就具有盲目性；不鉴别各个细分市场的特点，就不能进行有针对性的产品设计及市场营销。通过市场细分，体育旅游企业可以了解市场的消费特点，进而确定企业的经营方针，有针对性地集中力量对一个或几个细分市场进行产品设计及市场营销，向深层次发展，满足市场需求的多样性，突出体育旅游企业产品和服务特色，使顾客在市场上能购买到称心如意的产品和服务，从而提高该体育旅游企业的经济效益和社会效益。

3.有利于提高竞争能力

体育旅游市场目前处于买方市场，各家体育旅游企业为争夺客源，市场竞争十分激烈。市场细分能增强体育旅游企业的适应能力和应变能力，使体育旅游企业易于掌握消费需求的特点和变化，使产品适销对路，并迅速送达目标市场，扩大销售额；市场细分易于体育旅游企业分析各个竞争对手的优势与劣势，有利于体育旅游企业确定自己的目标市场，从而增强竞争能力，提高经济效益。

（二）体育旅游市场细分标准

常见的体育旅游市场细分标准如下。

1.地理标准

地理细分标准是指根据地理因素把客源市场分为不同的地理区域，如国家、省、地、市、县、镇，以及不同的气候、人口密度、空间距离等。采用地理细分标准是因为各个地理因素都影响着体育旅游的需求方向、结构和规模。在不同地理环境下，因自然条件、文化传统、社会经济发展水平等的不同，体育旅游者的需求偏好和消费习惯都有所差异，所以形成了不同的特点。

2.人口标准

人是构成体育旅游市场的基本因素，也是体育旅游经营活动的最终对象。人口细分是根据体育旅游者的年龄、性别、家庭、收入、职业、受教育程度等人口变量来对客源市场进行细分。每个细分市场都有其一定的特点和与众不同的需求，从而构成总体需求的多样性和每个小市场的特殊性。根据人口标准进行市场细分，可使体育旅游企业根据人口的需求差异，结合企业的特点和优势，准确选择本企业的目标市场。

3.心理标准

体育旅游者的旅游动机、个性特征等使得他们对体育旅游产品的爱好和态度不同，这就为体育旅游业利用人们的心理标准来细分市场创造了条件。心理细分标准是根据体育旅游者的生活方式、性格特征、态度、兴趣和动机等心理特征来细分旅游市场。

4.行为标准

体育旅游者实现旅游活动的主观条件根本上在于其旅游动机。分析不同人群的行为特点能更准确地把握细分的旅游市场特征。按体育旅游者的购买行为细分体育旅游市场时，需要考虑的因素包括人们的体育旅游动机、对品牌的信赖程度、价格敏感度、旅游方式、出行时间等。

三、体育旅游目标市场的选择

体育旅游市场细分揭示了体育旅游业面临的多个市场机会，接着就是要对细分市场进行评估及选择。

（一）体育旅游目标市场的含义

体育旅游目标市场是指体育旅游企业打算进入的细分市场，或准备用其产品和服务来满足一组或几组特定的体育旅游群体。市场细分是体育旅游目标市场选择的基础，目标市场的选择是体育旅游市场细分的结果。

目标市场的选择是体育旅游企业经营管理的重要内容，从体育旅游需求的角度看，体育旅游业要获得三大效益，必须以满足体育旅游者的需求为首要任务。由于不同体育旅游者的需求存在着差别，体育旅游企业受资源和企业管理能力的制约，不可能满足所有体育旅游者的需要，因此必须从企业的条件出发，用特定的产品和服务去满足特定旅游者的需求，才能实现企业的经营目标。同时，并非所有的市场机会对体育旅游企业都有吸引力，体育旅游企业只有选择吸引力大且能够进入的细分市场作为自己的目标市场，才能充分发挥企业的资源优势并形成市场竞争优势。

（二）体育旅游目标市场的选择原则

1.目标市场的可测量性

目标市场的可测量性是指目标市场所具有的规模、市场的购买能力及市场的未来发展都是可以预测和衡量的。

2.目标市场的可进入性

目标市场的可进入性是指目标市场在经济、政策、资源、文化等方面的限定下，某一企业能否进入其中。目标市场的进入要符合企业条件和经营的目标，如果想进入门槛较高的目标市场，除非能保证从中获取收益，否则就应当放弃。

3.目标市场的可营利性

企业经营体育旅游的最大目标是为了获取经济利益。因此，选择的目标市场应保证在较长时间内具有营利的条件。

（三）体育旅游目标市场的选择策略

目标市场的选择策略通常有无差异市场策略、差异性市场策略、集中性市场策略。

1.无差异市场策略

无差异市场策略是把市场看作一个大目标市场，不进行细分，用一种产品和单一的营销组合去满足整个市场。体育旅游企业采用无差异市场策略，不需要对市场进行研究，故其优势在于成本较低。一般来讲，无差异市场策略使体育旅游企业向市场提供标准化的产品，可大大降低产品开发、营销、市场调研等各项费用，有利于企业形成规模经济。但是这种策略也具有很大的局限性，在体育旅游者需求越来越多样化的今天，通过一种产品去满足所有的消费者非常困难。

2.差异性市场策略

差异性市场策略是把整个市场划分为多个需求量大致相同的细分市场，然后根据企业自身的条件，分别为各个细分市场策划不同的体育旅游产品、制定不同的营销策略。采用差异性市场策略通常能够取得较好的营销绩效，因为它是有针对性地满足不同特征的顾客群，对体育旅游企业扩大市场占有率非常有利。但是这种策略由于产品品种、销售渠道、营销手段等不同，会增加各种经营成本。

3.集中性市场策略

集中性市场策略是把这个市场划分为多个细分市场后，只选择其中一个或少数细分市场作为目标市场，开发相应的产品，制定合适的营销手段。体育旅游企业采用密集性目标市场策略，由于目标市场的集中，可实行针对性较强的经营方案，这不仅能提高产品的市场形象和市场占有率，还有利于降低产品的经营成本，但集中性市场策略的经营风险较大。

第六章　乡村旅游经济

第一节　乡村旅游概述

一、乡村旅游的内涵

何谓乡村旅游？乡村旅游是一种活动，一般是以远离城镇的传统乡村为地点进行学习与休闲并且感受乡村生活的一种活动。除了乡村旅游这个概念，与之相关的还有村庄旅游和农村观光旅游等概念。村庄旅游可以看作以村庄及其周边区域为中心、范围相对小的一种旅游形式。村庄旅游能够开展的活动有民俗风情的游览、村庄里进行的度假与观光等。村庄旅游在建设与开展之时就注重展现村庄的人文特色，使游客感受到当地村落的独特文化与风情。农村观光旅游活动是乡村旅游范围中比较直接、单纯的旅游活动，它仅仅是在农村进行的一系列观光活动。这两种典型的乡村旅游活动都是我国比较常见的乡村旅游形式。除了上述两种分支，还有与村庄旅游相交叉的农庄旅游以及农业旅游等分支。简单介绍了乡村旅游的几种主要分支后，关于乡村旅游的具体内涵可以从以下四点进行具体研究。

（一）乡村旅游的地域范围

乡村作为乡村旅游的活动范围，不仅仅指乡村内部的有限空间，乡村旅游的资源包含在以乡村为中心辐射出去的特定周边范围内。因为是乡村旅游，所以这个范围具有"乡村性"：第一，在乡村旅游的地域范围内的主要生产对象应该是耕地，耕地面积的占比也应高于其他土地比例；第二，乡村的生产应该以种植业与畜牧业为主；第三，乡村人口的聚居围绕着种植即以耕地为中心聚居；第四，农村应与城市保持一定的距离，在工业化的背景下乡村的逆城市化也越演越烈，乡村想要开展乡村旅游也就一定要与城市、都市保持一定距离，保持一定的乡村独立性。

（二）乡村旅游的景观与内容

乡村既然开展旅游行业，创建旅游式的乡村资源是乡村旅游发展和兴盛的必然要求。乡村原生的自然景观、村民聚落景观、劳作景观以及乡村式的经济景观都是所谓的乡村旅游资源。乡村旅游资源同样也要保持其"乡村性"的特点，乡村旅游之所以具备其独特的吸引力，就是因为它的"乡村性"特点。乡村旅游的活动内容同样需要有"乡村性"的特点，除观光度假等常规活动之外，还有能够感受乡村地区人文、民俗特点的节庆体验活动，能够感受农业劳动的耕种或是畜牧活动等极具特性的乡村旅游活动。值得注意与区分的是，还有一些在乡村举行但是却有着都市气息的度假村旅游或者是主题公园类型的旅游项目都不是乡村旅游活动的内容。因为，乡村旅游的内容也好，资源也好，都是基于人们的乡土情结，能够使人感受乡土气息，能够使困在城市中已经精疲力竭的人们重回乡村悠闲生活的旅游活动才是乡村旅游的内容。

（三）乡村旅游的规模及层次

因为乡村旅游的地点限定于乡村，再大也只扩大到以乡村为中心辐射开来的范围。所以乡村旅游的规模基本上都是小规模的旅游形式，乡村中聚居的范围也较小，并且乡村的发展速度也不是很快，具有比较传统的特点。乡村旅游的主体是当地村民，乡村旅游活动很大程度上受到当地村民、家庭的影响。目前我国的乡村旅游市场上"农家乐"式的乡村旅游活动十分盛行，但是"农家乐"形式的旅游活动仅仅是一种初级的形式。初级的乡村旅游无法带给旅行者人文上的深度体验，只有将乡村旅游转变、提升为生态化的旅游形式，才能将其打造成高层次的文化旅游产业。要想打造生态化、文化性的乡村旅游产业就必须重视可持续发展与环境保护。独特的生态环境是乡村旅游资源的重要组成部分，也是乡村旅游实现可持续发展的重要基础。以生产、生活、生态为一体的乡土性休闲空间和场景是乡村旅游产品的核心竞争力，是乡村旅游活动的独特卖点。因此，我们应坚持科学保护、合理开发和永续利用的原则，坚持发展旅游与生态保护间的内在统一规律，先规划、后开发。一方面，使乡村旅游的发展成为促进农村生态环境保护的有效手段和重要渠道，避免对自然资源的破坏和简单、粗暴的使用，杜绝对生态环境的破坏性开发；另一方面，还应当充分利用当地的乡土元素，保持乡村旅游资源的乡土性和原真性，营造乡村意象。

（四）乡村旅游的客源市场

喜欢乡村旅游的人群多是生活在城市中的居民，尤其是经济高度发达的城市中的居民，乡村旅游也多以此类型人群为客源进行产业开发。虽然乡村旅游的客源界定基本符合当前中国旅游市场的现状，但是这种客源范围划分方式不免有些单一，可能会造成乡村旅游产业的发展停滞。所以，乡村旅游产业除关注城市居民以外，还应拓宽市场，尽量涵盖那些与旅游地生活方式相差较大的居民，如其他地方的乡村居民或是境外的游客等。

结合上述四点内容可以总结出当前关于乡村旅游的四点共识。第一，地域范围划定于乡村以及周边地区，将城市居民作为客源市场的旅游活动叫作乡村旅游。在工业化和城乡一体化的进程中，城市与乡村的界限其实已不再像过去那样明显，但是乡村旅游被赋予的功能不仅仅是经济上的，开展乡村旅游的目的更多的是文化上的使命，如加强城市和乡村文化的联系、改善现代化的绿色环境建设、提升全体人民的文化素养等。第二，将城市作为客源市场的乡村旅游凭借自身独特的"乡村化"的旅游资源吸引旅客来感受与自己所居住地截然不同的生活，让外来游客感受乡土情结。第三，乡村旅游产业是一种综合式的旅游产业，除度假旅游之外，还能体验乡村生活，学习乡村产业知识，乡村旅游不仅满足旅客的基本生活需求，还能满足其娱乐、购物相关的需求。第四，不论是乡村旅游资源还是乡村旅游的环境地域都要依托其独特的"乡村性"。乡村旅游的资源开发应体现乡村的人文内涵，不能只是单纯的乡村景观或乡村元素的堆叠。若要打造生态化的乡村旅游产业，乡村旅游资源的开发可以分成不同层次，为旅客提供不同的体验。

二、乡村旅游的特征

乡村旅游具有多种特征，主要体现在以下几个方面。

（一）乡村旅游资源具有浓郁的乡土气息

城市和乡村是两个截然不同的生活环境，对于城市居民而言，乡村旅游之所以具有强大的吸引力，主要原因在于其浓厚的乡土气息。很多游客之所以会选择偏远地区的农村作为旅游场地，主要是为了享受纯天然的乡土气息。而近郊地区由于商业化比较严重，"乡村味"正在逐步地消失。对于乡村旅游的发展而言，如何保护这种浓郁的乡土气息是重中之重。

（二）乡村旅游内容具有广博性

乡村多种多样的自然景观与民俗文化、富有特色的民居与器具，还有当地特有的民俗节日等都是乡村旅游内容的一部分，或者说所有的乡土文化共同构成了乡村旅游。所以，乡村旅游的内容广博，任何与乡村生活息息相关的内容都可以成为乡村旅游的组成部分。

（三） 乡村旅游项目具有很强的参与性

乡村旅游是极具参与性的一种旅游形式，游客在乡村旅游的过程中不只是旅游景点的观赏与游览，还可以体验到真正的乡村生活，参与到真正的农耕活动中，体会全新的劳动感受，得到身心两方面的放松和满足。

（四） 乡村旅游开展具有很强的季节性

乡村地区的生产方式主要以农耕为主，而农业是受自然环境制约的产业，这就导致乡村旅游也必然受自然环境的影响。所谓"春耕夏耘秋收冬藏"，随着季节的变化，乡村旅游在不同季节能开展的活动也大不相同。

（五） 乡村旅游开发具有投资少、见效快、效益好的特点

为了满足游客乡村旅游的需求，将当地的乡村资源利用起来，通过有计划、有意识的加工管理能打造一个满足消费者需求的乡村旅游环境设施。再加之乡村旅游体验多来自当地居民原本赖以生存的农业生产活动，所以比起其他旅游形式，乡村旅游具有投资少、见效快、效益好的特点。

（六） 乡村旅游消费具有平民性

乡村旅游因其价格低廉、出行方便的特性受到大众的偏爱。恰恰因为乡村旅游的相对大众化和平民化的特点，为乡村旅游形成产业提供了必要的条件。乡村旅游的发展不再拘泥于工业化发展的路径，而是直接一跃发展为新兴产业形态。一旦一个地区形成了旅游的产业链条——运输业、种植业、文化产业、经营业等，就会直接推动当地的社会产业发展，农村的产业分工也会越来越完善。

三、乡村旅游的发展前景与发展趋势

（一） 乡村旅游的发展前景

1. 乡村旅游拥有广阔的市场前景和发展空间

在当前有着国家政策扶持和工业化问题加剧的社会背景下，生活压力越来越大的城市居民对悠然自得的乡村生活也越来越向往，深藏在中国人心中的乡土情怀也开始浮现，这些社会原因都为乡村旅游的发展提供了巨大的推动力。

2. 地方文化的传承与发展是实现乡村旅游可持续发展的关键因素

乡村旅游是一个基于具体的乡村地区发展而来的产业。乡村旅游所具有的"乡村性"和"参与性"皆是旅游业与当地地方文化紧密结合的产物。一个乡村地区所特有的、赖以生存的自然环境和民风民俗等都是乡村旅游的资源。要想让游客在当地获得满意的旅游体验，当地居民必须配合乡村旅游的建设与发展手段，

利用自身优势和特色为旅客打造一个休闲放松之旅，保证乡村旅游的可持续发展。

（二）乡村旅游的发展趋势

乡村旅游不能归类于我国传统的旅游模式，由于我国经济不断发展，社会不断进步，大城市的生活节奏越来越快，人们的生活压力也越来越大，城市居民想要回归乡村的愿望也越来越强烈，于是乡村旅游便应运而生。乡村旅游不仅能够让游客感受别样的农家风情，体验平时难以体会到的生活方式，达到一种舒缓压力，满足需求的目的，还可以带动乡村地区经济发展，通过对乡村地区旅游资源的开发和产业打造，为当地居民提供更多的就业岗位，增加居民收入。但是在发展乡村旅游的过程中出现了一系列问题。例如，有的乡村自然环境资源被过度开发，导致优美的乡村环境也变得越来越差；有些乡村的旅游模式单一，无法满足游客的旅行需求；还有的乡村为了追求经济效益而忽视了优良民风民俗的传承，出现了哄抬物价等现象。如果不解决乡村旅游发展中存在的这些问题，那么很难保证乡村旅游的可持续发展。

在进行乡村旅游资源开发和打造乡村旅游特色的时候应该遵循以下四点原则：第一，在总体设计上要保持各乡村景区的独立性与特殊性，发展具有独特乡村性的旅游产业；第二，在发展乡村旅游时，要坚持景区管理的规范化和保证其制度化，不能放任村民随意经营，保证旅游市场的公平公正与合理；第三，在开发乡村景区时要突出当地的乡村特色，有自己的品牌优势；第四，建设旅游景区和景点时，不仅要扩大其规模也要保证其品质。遵循上述原则，并加强景区建设品质与创新意识，将乡村旅游对游客的吸引力放在重要位置加以考虑与规划。乡村旅游的未来发展趋势，从整体上看，主要有以下几个方向。

1. 立足乡土，发掘乡土文化，营造乡土气息

乡土情怀是中国人心中最珍视的、深刻于骨子里的情怀。多数中国人观念里，故乡与乡村是紧密相连的。时代发展得越快，人们对故乡的眷恋也就越深。在城市的喧嚣中疲惫不堪的人们，迫切回到心灵的港湾——与故乡相连的乡村生活中去。基于这种普遍的心理，未来乡村旅游的打造应该注重乡村景点的"乡村性"与"熟悉感"，深入挖掘乡村景点中能够开发的乡土风情。

2. 挖掘乡村文化，体验淳朴的乡村民俗，捕捉乡土旅游的灵魂和本质

乡村旅游是一个整体性的旅游形式，不仅能够带给游客视觉上的享受，而且能够带给游客心灵上、精神上的体验。也就是说，除了将当地的自然或人文景观当作乡村旅游资源进行开发利用，更应着眼于开发、挖掘当地的特色文化。大部分乡村因为其具有一定的封闭性，所以保留着当地特有的、历史悠久的风俗和历史遗迹。这些传统的文化元素都是中国传统文化不可多得的财富与精华，如果在

发展乡村旅游的过程中能够突出当地优秀的民风民俗和历史遗迹等，那么对提升当地旅游业品质与口碑将会产生重大的影响。特别是将旅游产业与历史遗迹融合开发，不仅能够提升乡村旅游的品质、丰富其内涵，还能够增强当地村民保护优秀传统文化的意识，更能够深入挖掘遗迹中蕴含的文化内涵和民风习俗，树立当地独特的旅游品牌，从而在众多的乡村旅游中取得竞争优势。对于观赏当地历史遗迹的游客来说，在进行乡村旅游时，不仅有了新奇的休闲体验，还能在休闲娱乐的同时学习当地独特且多样的传统文化，提高其对民间文化的认知。

3. 整合乡村旅游资源，使其由分散走向集中，扩充游览内容

我国经济发展水平和社会历史特点是限制乡村旅游发展的主要原因之一。乡村旅游资源的开发不够深入、当地景区的打造不够全面和细致、传统产业占比较大、缺乏新兴产业和乡村旅游模式的结合等都是乡村旅游发展时不断遇到的问题。如果不及时地解决这些阻碍乡村旅游发展的问题，我国乡村旅游就很难保持良好的发展态势。为了保证乡村旅游拥有长远的发展前景，相关部门在进行景区的打造和开发设计时，首先需要从宏观层面出发，打造景区独有的风格，将细碎的旅游资源整合成一个整体。在微观层面上，不能一味地只注重景点的打造，还需要健全整个旅游产业的配套设施，如餐饮和住宿等方面，需要提供更加高品质的服务和进行更加精细的设计。因此，旅游景区的开发需要从宏观与微观层面对乡村旅游资源进行规划与设计，使其由分散走向集中，从而丰富游览内容。

第二节 我国乡村旅游与经济发展的关系

一、乡村旅游对社会经济发展的影响

乡村旅游对社会最直接的影响体现在经济方面。

从宏观角度来看，旅游业的发展会带来巨大的经济收益。另外，第一产业与第三产业相互渗透融合所形成的新型旅游产业，其发展必然会带动农业及农村相关产业的发展，从而有利于农村资源的综合开发与利用，有利于农业相关产业结构的调整与优化。

从微观角度来看，村民可以从以下几个途径获得经济利益：一是劳务收入，村民成为旅游企业的员工，通过出卖劳动力获得收入；二是经商收入，村民通过开展与旅游活动相关的经济活动获得收益，如开办家庭旅馆、制作小手工艺品、提供餐饮服务或提供餐饮食材等方式获得收益；三是村民通过股份制参与旅游景区开发，以自身拥有的旅游资源作价或投入部分自有资金获得股份后，得到利润分红。

开发乡村旅游活动也会造成物价上涨，居民生活成本增加，而且，乡村旅游的开发难免涉及征地问题，会影响部分传统产业的正常发展，使当地居民被动地改变谋生的方式。同时，当地居民未必能够获得均衡的利益回报，与外界聘请的管理人员相比，当地居民只能从事非技术性或半技术性的工作，收入相对较低。而且由于乡村旅游的季节性非常明显，居民的谋生方式都受到了强烈影响。

许多国家发展乡村旅游的经验可以证明，乡村旅游对推动落后农村地区的经济发展起到了非常重要的作用。国内不少地区乡村旅游发展的现状也日益显现出其对农村脱贫致富的重要意义。

农业生产的特点是分散性大、周期长，对气候条件依赖性强，易受自然灾害的影响，收益极不稳定，而且农业附加值低。其收益总是低于其他产业，特别是在农业生产规模小的国家，农业收入更受到局限，单靠农业很难保证农民生活水平的持续提高。乡村旅游成为农民增收的重要渠道，主要表现在四个方面：一是乡村旅游使许多农民成为从业者，农民可以通过打零工、摆摊零售、办旅馆、开餐馆、加工乡村土特产、参与旅游业经营等来增加收入。二是通过乡村旅游项目的分红等途径增加收入。三是发展乡村旅游，可以充分利用各种资源，提高资源的综合利用效率，使农村自然资源、人文资源在旅游开发中增值。四是旅游可以拉动当地农副产品的消费，降低运输成本，增加农民收入。

乡村旅游为乡村居民创造了新的就业机会，不断拓宽他们的就业途径，不断提高收入，缩小与城市居民的收入差距。总之，发展乡村旅游业可以增加非农产业的收入，使部分偏远地区的农民脱贫致富，是彰显乡村资源特色、实现资源价值、实现"生活宽裕"目标的主要手段。

在乡村旅游中，农民获得的收入主要有打工的薪金收入、为农家乐提供农产品所获得的收入、参与经营或投资收入、场地租金收入等。从现阶段乡村旅游发展的实地调查来看，参与经营或投资收入、场地租金收入在农民总收入中只占很小的份额，不具有普遍性，但乡村旅游促进农民增收的作用是显而易见的。

通过对"在农家乐中打工获得的薪金"和"为农家乐提供农产品获得的收入"两个因素在农民收入总额中所占的比例来看，农民的年总收入与农民为农家乐提供农产品所获得的收入成正比，而且为农家乐提供农产品所获得的收入还成为许多农村家庭的主要收入来源。为农家乐提供农产品所获得的收入对农民增收的影响有限，仅占总收入比例的0%~10%，其中，对家庭年收入在1万~3万元的家庭有明显影响；而当比例为10%~20%时，对家庭年收入为3万~6万元的家庭具有显著影响。

二、乡村旅游与农村经济的关系

从乡村旅游与农村经济之间的关系来看，两者是一种相辅相成的关系，一方面，乡村旅游的发展能够推动农村经济的发展；另一方面，乡村旅游的发展需要大量的资金投入，而这是建立在农村经济发展的基础上的。因此，乡村旅游与农村经济既相互独立，又相互依赖。

（一）乡村旅游与农村经济的区别与联系

1.乡村旅游与农村经济发展相互独立

乡村旅游与农村经济发展是两个相互独立的概念，两者之间并没有绝对的联系，乡村旅游其实只是农村经济发展道路上的一个偶然现象，是诞生在特殊的社会环境之下的。促进农村经济发展是社会主义现代化的基本要求。城市居民因向往农村生活方式而选择到农村放松、休闲，由此催生了乡村旅游，使乡村旅游成为农村经济发展的一个重要推动力。但这并不意味着农村经济离开了乡村旅游就无法得到进一步的发展。

2.乡村旅游与农村经济发展相互促进

虽然说乡村旅游的诞生与农村经济发展并没有必然的联系，但是在乡村旅游诞生之后，它就成为农村经济不可或缺的一部分，两者相辅相成，共同发展。

一方面，随着农村经济的不断发展，农民的生活质量也在不断提高，这种情况下农民开始追求生活的品质，同时农村经济的发展使村民所能够支配的资金更多，农村的基础设施也在不断地完善。这个时候，城市居民面对千篇一律的生活方式，急需寻找一个新的休闲路径，农村完善的基础设施和独特的乡村文化为城市居民提供了一个良好的选择，从而刺激了乡村旅游的发展。从某种意义上来说，并不是每一个村庄都能够推行乡村旅游，只有那些基础设施比较完善，乡土人情具有特点的村庄，才能够发展乡村旅游，而这些都是以农村经济的发展为依托的。

另一方面，对农村而言，乡村旅游的发展也带来了极大的影响，主要体现在四个方面：一是乡村旅游使农村经济结构中第三产业的比重逐步提高，农村产业结构开始优化；二是乡村旅游需要大量的服务人员，对提高农村地区的就业率有着极为重要的意义；三是乡村旅游也意味着消费，能够增加农民的收入；四是旅游主体是城市居民，城市居民到乡村旅游必将带来一些新的思想，这对农村经济的发展也是极为有利的。

3.乡村旅游与农村经济发展相互制约

乡村旅游与农村经济的发展相辅相成，但是两者之间也存在一定的制约关系，主要体现在以下两个方面。

第一，从农村经济发展的角度来看，乡村旅游的发展虽然为农村经济的发展提供了极大的帮助。但是随着旅游人数的增加，农村的环境必将受到一定的冲击，如此一来，当农村失去了对游客的吸引力之后，农村经济发展的速度会大幅下降。

第二，从乡村旅游的角度来看，在发展乡村旅游的过程中，城市文化的大量涌入会潜移默化地对乡村文化造成一定的影响。这种影响会造成乡村文化逐渐失去特色，成为城市文化的"附庸"。如此一来，乡村旅游也就失去了价值。因此，在发展乡村旅游的过程中，必须要平衡好两者之间的关系。

（二）乡村旅游对农村经济发展的作用

1.乡村旅游对农村经济发展具有积极作用

具体而言，乡村旅游对农村经济发展的积极作用主要体现在以下四个方面。

第一，乡村旅游能够促使农村经济结构优化。一般来说，游客多是消费层次较高的居民。而在大多数情况下，农村的社会经济环境是很难满足游客的需求的，这就促使乡村经济不断地优化自身，以满足游客的需求。因此，乡村旅游的发展并不是简单地涉及第三产业。对农村经济而言，乡村旅游的发展对第一、第二、第三产业的影响是十分显著的。例如，乡村旅游中的农家乐和休闲观光旅游等能够促进农村第三产业的发展，乡村旅游中的生态采摘园则能够促使农业转型升级，乡村旅游中游客的各种纪念品需求则能够促进农村第二产业的发展等。

第二，乡村旅游提高了农民的就业率。我国是一个农业大国，提高农民的就业率一直以来都是解决"三农"问题的关键所在，而乡村旅游的发展对提高农民的就业率有着积极的意义。例如，乡村旅游涉及的交通运输业、餐饮业、现代农业等都是典型的劳动密集型产业，乡村旅游可以促进这些产业的发展，也就意味着能够为农村提供更多的就业岗位，这样一来，那些因农闲季节闲置在家的农村劳动力就得到了妥善安置。

第三，乡村旅游能够完善农村的基础设施。并不是每一个村庄都能够发展乡村旅游，乡村旅游的兴起与农村的经济水平有着一定的关系。由于到乡村旅游的游客大多来自城市，而城市的基础设施较为完善，游客对旅游环境的要求就会相对较高。如果农村不采取措施解决这些问题，那么很难吸引游客，乡村旅游也就很难发展起来。因此，从某种意义上说，乡村旅游的发展过程本身也是一个基础设施建设逐步完善的过程。

第四，乡村旅游推动了农村经济的可持续发展。乡村旅游的发展离不开农村地区的生态环境和自然资源，而自然资源又是不可再生的。因此，我们在发展乡村旅游的同时，必须注重生态环境和自然资源的保护。人们为了使乡村旅游能够不断地发展，必然会重视对本地自然环境的保护。相关政府部门在发展乡村旅游的过程中需要对当地的旅游资源进行合理的规划与利用，避免旅游活动对资源环境的破坏，保护农村地区的乡土人情，从而实现乡村地区经济的可持续发展。

2.乡村旅游对农村经济发展的不利影响

对农村经济而言，发展乡村旅游所带来的负面影响主要集中在以下三个方面。

第一，乡村旅游对农村的生态环境造成了破坏。近年来，乡村旅游之所以成为旅游的热门，很大程度上是因为农村的生态环境比城市好。但是随着游客的大量涌入，乡村的生态环境也开始遭到破坏，导致这种现象产生的原因是多方面的。一方面，游客的增加意味着生活垃圾的增加，而农村的污水和垃圾处理设施本身并不是很完善，大量增加的生活垃圾和污水无法得到有效处理，从而对农村的水体、土壤等造成巨大破坏；另一方面，由于农村距离城市较远，因此，自驾游是乡村旅游最为常见的一种方式。而这不仅导致当地交通拥堵，还导致当地空气污染。此外，部分游客的不文明行为也是乡村生态环境遭到破坏的一个主要原因。

第二，乡村旅游造成当地物价上涨，不利于农村经济的发展。从理论上来说，作为农村的主人，农民是乡村旅游资源的提供者，也应当是乡村旅游发展的最大受益者。然而，事实并非如此，对很多农民而言，乡村旅游并没有给自己的生活带来太大的改变，原因在于以下两个方面：一方面，游客大量涌入乡村，带来的直接后果就是乡村产品需求大于供给，导致农村的物价开始逐步上升，农民采购货物的成本也开始上涨，农民就不再是乡村旅游的最大受益者；另一方面，当一个地方成为乡村旅游的热点之后，必然会引起企业家的注意，大量资本的进入会导致农民毫无竞争优势，农民很难从乡村旅游中获得收益。久而久之，发展乡村旅游的热情就会下降，农村经济发展速度也会放缓。

第三，乡村旅游破坏了当地的文化，不利于农村经济的发展。乡村旅游在发展过程中，给当地文化造成了巨大的冲击。城市文化强有力地影响着经济欠发达的乡村旅游地的弱势文化，并极有可能会同化乡村文化。加之，受当前经济发展模式的影响，部分地区同质化发展严重，这极大地破坏了乡村淳朴的原始文化，不利于社会的经济发展。同时，随着旅游经济的发展，受商业利益驱动和人口流动的影响，乡村中出现了一些不良现象，扭曲了乡村文化，致使农村在发展中丧失了文化优势，不利于农村的经济发展。

（三）农村经济发展对乡村旅游的作用

1.农村经济的发展，为乡村旅游的发展提供各种物质保障

良好的农村经济是乡村旅游发展的重要物质保障。国内乡村旅游发展较好的地区都位于东部经济较发达的区域，原因就在于这些地区的农村经济发展较好，拥有更多的资金来建设基础设施，能够通过加大宣传力度，满足游客的需求。反

之，西部地区的农村虽然在文化上更有特色，但是由于交通不便、公共医疗条件较差等问题，很难吸引游客。归根结底，这都是农村经济发展较为落后造成的后果。

2.农村经济的发展，促进了乡村旅游产品和服务的多样化

没有需求就没有供给，消费者的需求决定了产品的类型。在发展乡村旅游之前，农村的产品供给以生活产品为主，但是在乡村旅游发展之后，面对游客的多样化需求，农村的产品结构也在逐步地改变，娱乐性产品的数量与种类开始增多。例如，以往农村的产品供给多以蔬菜水果为主，但是为了吸引游客，袖珍大白菜、方形西瓜等产品被开发出来，这都是农村产品多样化的直接体现。

第三节　乡村振兴战略背景下乡村旅游业的发展

在乡村发展旅游业，对农村经济建设具有很好的推动作用，它能使农民致富，使农村产业升级，使农村更好地发展。想要实现乡村振兴，发展乡村旅游业是最佳方式之一。本节全方位分析乡村振兴战略背景下乡村旅游业发展的意义与条件，提出了发展中存在的问题，并总结出乡村旅游业发展的途径和保障措施。

一、乡村振兴战略背景下乡村旅游业发展的意义

（一）推动农业技术进步

在农村开发旅游业，建设旅游景点，可以很好地扩大旅游领域，加快农村经济的发展，还可以增强农业产业项目的旅游能力。想要发展农村旅游业，就必须改变传统的农业种植种类，引进观赏类植被，引进一些先进的科学种植技术，这样就大大增加了农村旅游业的观赏类型。

（二）提高农民收入

推进乡村振兴战略的实施，大力开发农村旅游事业，可以把农民的性质从劳动类型转换成服务类型。这样不仅提高了农民的收入，还提高了农民的个人文化水平和生活水平。另外，发展乡村旅游产业就要开发相关的旅游项目，就需要占用部分土地，农民就会得到相应的补偿收益，同时也有利于农民身份的转换。

（三）加快建设美丽乡村的步伐

国家大力发展新农村建设，加大了对美丽乡村的建设，大力发展旅游业，可以促进农村进行景区化建设，改善农村公共服务设施，更有利于保护农村环境，有利于美丽乡村的建设。

二、乡村振兴战略背景下乡村旅游业发展的条件

想要发展乡村旅游业，就必须解决一些现实困难，这就需要政府部门大力支持。政府需要与开发商建立良好的合作关系，配备先进的旅游设施，改善乡村的基础条件，还要引进专业人员，提高乡村服务水平。想要发展乡村旅游业，就必须对当地特色文化进行提炼与整合，乡村特有的文化就是技艺和民俗习惯，可以把这些都统一起来进行创新和保护，运用更多的宣传途径推广当地特色文化，进而实现文化的传承，促进乡村繁荣，推动地区经济发展。

想要发展乡村旅游业，必须考虑产品、基础设施、人员和模式等因素。因此，必须采取五个方面的措施：创新旅游产品、完善基础设施建设、培养专业人才、统一管理模式和塑造品牌模式。这样，才能更好地发展乡村旅游业。

三、乡村振兴战略背景下乡村旅游业发展存在的问题

（一）对乡村旅游建设缺乏统一规划和管理，没有树立独特的品牌形象

在乡村振兴战略背景下，乡村旅游业也取得很多成绩，不过还存在很多问题。综合起来看，乡村旅游建设没有一个完整统一的规划，基本属于分散性开发，没有统一的布局；旅游项目没有明确的主体。这样造成的后果就是建设水平落后，重复建设严重，旅游设施和公共服务设施不足等。由于这些问题的存在，很难将乡村旅游业塑造成独特的品牌形象。

（二）乡村旅游产品缺乏特色，同质化特点严重

现在大多数乡村旅游项目都很相似，处于比较低级的发展水平。旅游产品单一，普遍以农家乐和民族菜品为主；旅游活动多数以采摘、观赏和钓鱼为主。在传统的农业活动中，农耕文化和民俗文化涉及的活动很少。在旅游特色产品销售上，还是普遍的自产自销模式。这是一个很初级的状态，没有打造出具有农耕文化特色，适合旅游类型的产品。

（三）缺乏乡村旅游管理方面的专业人才，旅游项目没有创新性

从乡村旅游业的发展现状来看，旅游业发展不足的原因在于没有创新项目，一直保持陈旧的农村旅游项目。总体来说，还是由于专业人员极度缺乏。乡村旅游业想要健康、可持续地发展下去，对专业人才的需求量很大。目前的状况就是，人才需求和人才培养不成正比，在专业人才培养上没有统一、专业和系统的培训机构；从业人员基本是本土人员，专业培训没有深入到农村，造成旅游从业人员素质偏低。

四、乡村振兴战略背景下乡村旅游业发展的途径

（一）大力发展生态化旅游

要更好地发展乡村旅游业，就必须开发更多的发展空间，而乡村文化作为旅游发展的核心，更是组成中华民族文化的重要部分，这就是一个好的发展方向。因此，要结合当地的自然条件和资源特色，根据市场需求，重点宣传特色文化和自然风光，创新一些丰富多彩和特色文化鲜明的旅游产品，发挥出农村特有的生态和文化资源优势。重要的是要解决交通问题，改变农村周围道路状况等问题，加快发展生态乡村旅游文化建设。

（二）积极开发乡村休闲观光农业

利用农业景观资源和生产条件，发展观光休闲旅游的方式就是休闲农业，这是一种新型的农业生产形态。休闲农业的特点包括深度开发农业资源的潜力、改变农业发展结构、改善农业生产环境和增加农民收入。我国农村土地广阔，最具自然风光。在乡村振兴战略的推动下，可以更好地利用农村特色建立新型的旅游项目，努力发展休闲农业，让游客可以在游玩的过程中集观光、采摘和体验耕作活动于一体，这样能更好地满足他们了解农民生活和享受乡土情趣的需求。除此之外，还需要建设配套的住宿和度假项目。乡村休闲旅游就是充分利用农业生产过程、农民生活和农村生态，利用一些先进的科学手段，为游客提供全面的服务。

（三）开发乡村景观农业

乡村旅游项目包括景观农业项目，这个旅游方向的发展，体现了乡村旅游业在不断创新。这个项目主要是保存农业体验，以田园风光为基础进行开发，设计建设具有农村特点的景观，从而使乡村旅游更具特色。

（四）升级农产品，为旅游产品服务

依据乡村振兴战略，不断增加乡村旅游的产品，打造出具有乡村特色的新业态，按照不同主题来打造乡村旅游目的地和精品旅游路线，建设具有乡村特色的民俗和养生基地，提供不同的旅游产品，增加更多新型服务。同时，对农村一些农作物进行开发和创新，这样才能提高旅游的看点和观赏价值。

五、乡村振兴战略背景下乡村旅游业发展的保障措施

（一）政府部门的大力支持

在发展乡村旅游业的过程中，政府要大力支持。在乡村振兴战略背景下，每个地区都要保证乡村旅游业能够良性地发展下去，相关部门应该制定出相关的制

度，对地区旅游业进行统一管理和统一开发。同时要保证乡村旅游用地、财政和扶持政策实施到位，对税收优惠政策进行落实和监管，放宽支持乡村旅游业的经营主体条件，对一些相关手续简化处理。

（二）解决资金短缺问题

乡村振兴战略的制定是乡村旅游业发展的依据，更带来了促进乡村旅游业发展的机会。但是，在乡村发展旅游业，需要投入大量的财力、物力和人力。而当下乡村旅游业存在一个现实问题，就是在资金方面的投入不足，这就需要在政府的支持下，大力招商引资，增加个人投资项目，加快农村融资，尽快解决乡村旅游建设中资金不足的问题。

（三）加大对专业人员的培训力度

在乡村发展旅游业，就要认清乡村经济发展落后、基本设施不完善和缺少专业人员的现实。专业人员的缺乏导致的后果是从业人员旅游服务意识欠缺，这个因素很不利于乡村旅游业的发展。因此，想要发展乡村旅游业，就需要加大对专业人员的培训力度。可以利用农村本地人员进行就地培训，组建一支高素质的乡村旅游服务队伍。

在乡村振兴战略背景下发展乡村旅游业，就需要充分把乡村的自然风光、特色文化和特色农作物结合起来，把乡村旅游内容丰富起来，尽可能地发掘可发展的项目，实现乡村旅游的观光价值和文化传播价值。

第七章　智慧旅游经济

第一节　智慧旅游概述

一、智慧旅游的概念

智慧旅游是指在旅游活动中充分运用信息技术和互联网技术，以为游客提供个性化、智能化和便捷化的旅游服务和体验为核心目标的一种旅游方式。具体来说，智慧旅游就是借助现代科技的力量，实现旅游信息的智能化整合和应用，为游客提供个性化的旅游产品、智能化的旅游导航以及便捷高效的旅游交通、住宿、餐饮等服务。

二、智慧旅游的特点

（一）信息化

在智慧旅游的发展中，信息化特点是其中一个重要的方面。信息化的特点使得旅游活动变得更加智能化、高效化和便捷化。信息化特点使得旅游活动更加智能化。随着智慧旅游技术的不断发展，游客能够通过智能设备实时获取到各种准确的旅游信息。例如，在旅游目的地，游客可以通过手机应用程序或者智能导览系统获取到最新的旅游景点介绍、活动推荐、交通路线等。这样的智能化特点，使得游客能够更好地利用信息，优化行程安排，增加旅游的趣味性和便捷性。信息化特点使得旅游活动更加高效化。通过信息化技术，游客能够更加方便地进行旅游相关的预订和支付。例如，游客可以通过手机应用程序预订酒店、景点门票、交通工具等，同时也可以通过手机完成支付流程。这样的高效化特点，减少了传统旅游中因为排队、等待等环节所消耗的时间，提升了旅游的效率。信息化特点也能够让旅游活动变得更加便捷化。通过手机应用程序、智能导航设备等，游客可以实时获取到路况信息、天气预报等。这样的便捷化特点，让游客能够更好地应对意外情况和突发事件，更好地安排自己的旅游行程。

（二）个性化

在传统旅游模式中，旅行行程、景点选择、交通安排等通常是统一的，缺乏个性化的考虑和定制化的服务。然而，随着智慧旅游的兴起，个性化旅游成为满足游客需求的重要途径。个性化旅游注重满足游客多样化的需求。每个游客都有不同的偏好和兴趣，而个性化旅游正是基于这些个体差异而设计的。通过大数据和人工智能技术，智慧旅游系统能够准确地了解游客的爱好和特殊要求，从而为他们提供个性化的推荐和定制化的服务。比如，一位喜欢户外运动的游客可以得到针对性的推荐，包括登山线路、徒步路线和攀岩体验。而喜欢文化古迹的游客则可以获得相关的历史文化讲解和导览服务。个性化旅游强调游客参与和互动。智慧旅游系统不仅仅是一个被动的信息提供者，更是一个互动平台。游客可以通过手机应用程序或者终端设备与系统进行互动，选择自己感兴趣的景点、活动或者服务。游客也可以根据自己的需求实时调整旅行计划，包括景点游览时间、餐饮安排和购物计划等。这样，游客在旅行中能够更好地掌握主动权，提升旅游体验的满意度。个性化旅游强调游客的参与感和归属感。智慧旅游系统将游客作为旅游决策和服务的重要参与者，使游客不仅仅是旅行的消费者，更是旅游活动的共同创造者。通过智能化的互动和反馈机制，游客可以与目的地、景区、商家等进行交流和联动，参与到旅游产品和服务的设计、评价和改进中。这种参与感和归属感的培养，不仅增强了游客对旅游目的地的好感和忠诚度，也促进了旅游业的可持续发展。

（三）可持续性

可持续性指的是智慧旅游的发展应该符合环境、经济和社会的可持续发展原则。这一特点体现了智慧旅游在促进旅游业发展的同时对环境保护和社会利益的关注。可持续性特点表现在智慧旅游在旅游活动中的环境影响上。智慧旅游通过应用先进的技术手段，实现智能化的管理和服务，使得旅游资源的利用更加高效。例如，通过智能化的能源管理系统，相关人员可以实时监测和调控旅游景区的能源消耗，减少能源浪费和污染物排放。智慧旅游还可以通过智能化的交通管理系统，减少交通拥堵和环境污染，提升游客出行效率和当地居民的生活质量。可持续性特点表现在智慧旅游对经济的促进作用上。智慧旅游通过推动旅游业的创新和升级，促进了旅游产业发展和经济增长。例如，在智慧旅游中，新技术的应用，有助于为游客提供更加个性化和定制化的旅游产品和服务，满足不同游客的需求，推动旅游消费的增长。智慧旅游还可以提升旅游业的生产效率，降低成本，提高营利能力。通过智能化的管理和运营，旅游企业可以更好地控制资源利用和成本支出，提供更加高效和优质的旅游体验。可持续性特点还表现在智慧旅游对社会的积极影响上。智慧旅游有助于提升旅游目的地的形象和知名度，促进地方经济和社会的发展。智慧旅游通过引入先进的技术和创新的服务模式，提升旅游目的地的综合竞争力，吸引更多游客和投资。这不仅有助于增加当地居民的收入和就业机会，还能够推动文化传承和旅游产业链的发展，实现社会效益和经济效益的双赢。

三、智慧旅游的功能

（一）信息服务功能

智慧旅游作为一种新兴的旅游形式，具有多种功能，其中之一就是信息服务功能。信息服务功能是指利用科技手段为游客提供全面、及时、准确的信息支持，帮助游客更好地了解目的地的各项资源与信息。下面将对智慧旅游的信息服务功能进行详细探讨。智慧旅游系统通过利用互联网和App，为游客提供丰富的旅游相关信息。游客可以通过智能手机、平板电脑等终端设备，轻松地获取景点介绍、交通信息、天气预报、餐饮推荐等各类旅游信息。这些信息的及时性和准确性，使得游客能够更好地规划行程，并且在旅途中随时调整计划，以满足自身需求。智慧旅游系统可以通过个性化推荐功能，根据游客的偏好和需求，为其提供个性化的旅游信息。系统根据游客的浏览历史、购买记录、位置信息等数据，进行智能分析，为游客推荐符合其兴趣的景点、旅游线路、特色餐厅等内容。这种个性化推荐不仅可以提升游客的体验感，还可以促进旅游资源的合理分配，提高旅游的经济效益。智慧旅游系统可以实现旅游资源的在线预订功能。游客可以通过系统预订机票、酒店、旅行团等服务，避免了传统旅游中烦琐的预订程序和时间浪费。在线预订功能不仅为游客提供了便利，也为旅游服务供应商提供了更广阔的市场，促进了旅游业的发展。

（二）旅游导航功能

智慧旅游系统中的导航系统可通过利用智能化技术和地理信息系统，为游客提供准确、方便的导航服务。在传统旅游中，游客往往需要依靠地图或者询问当地居民来寻找目的地，这样不仅费时费力，而且有时导航不准确。智慧旅游系统弥补了这些不足，使得旅游变得更加轻松和便捷。

1.智慧旅游导航系统能够为游客提供详细的路线规划

游客只需在智慧旅游导航系统中输入出发地和目的地，然后系统会根据导航算法计算出最优的行驶路线。无论是步行、骑行还是开车，系统都能给出最快捷、最经济的路线，能大大节省游客的时间和精力。

2.智慧旅游导航系统能实时提供交通信息

在旅游过程中，交通拥堵是一个常见的问题，而且这种情况常常难以预料。智慧旅游导航系统通过不断收集和分析交通数据，能够实时显示路况信息，如交通流量、事故堵塞等，让游客能够提前避开拥堵区域，选择更加畅通的道路，使得旅游更加顺利。

3.智慧旅游导航系统还可以与其他旅游服务进行整合

比如，导航系统可以将周边的景点、餐厅、购物中心等信息与地图进行关联，使得游客可以在导航的同时了解周边的风景和便利设施。这样一来，游客在前往目的地的过程中不仅能够了解景点的具体位置，还能够找到周边的餐厅或者购物中心，满足不同的需求。

（三）旅游预警功能

旅游预警功能是智慧旅游系统的重要功能之一，它能够提前警示游客可能遇到的风险，帮助游客做好风险防范和应对措施。具体来说，旅游预警功能主要包括以下几个方面。

1.智慧旅游系统能够及时提供天气预警信息

通过收集、分析气象数据，系统能够准确预测降雨、气候变化、自然灾害等情况，及时向游客发布预警信息，提醒他们注意未来的天气并采取必要的防范措施。这对于那些计划进行户外活动、登山、海滩游等旅游项目的人来说尤为重要，可以减少事故和伤害的发生。

2.智慧旅游系统可以提供安全警示和风险提示

通过收集、整理相关的安全信息和历史数据，系统能够准确评估旅游目的地的安全风险，并向游客提供安全警示和风险提示。例如，对于一些政治不稳定、犯罪率较高的地区，系统会提醒游客注意安全并建议选择其他目的地。

3.智慧旅游系统可以提供健康预警信息

智慧旅游系统可以通过收集和分析旅游目的地的疾病数据、疫情信息和其他健康相关的信息，为游客实时提供健康预警。例如，如果某个地方暴发了某种疾病，系统可以通过数据分析和模式识别，及时发现并通知游客。

（四）旅游决策功能

在传统的旅游方式中，游客在做出旅游决策时通常依赖于个人的经验和传统的旅游指南，而智慧旅游的兴起为游客提供了更多的选择和便利。智慧旅游系统通过应用大数据和人工智能技术，能够及时收集和分析各类与旅游相关的数据，包括天气情况、景点的实时状况、游客的评价等。通过对这些数据的分析和挖掘，智慧旅游系统能够为游客提供准确的信息和建议，帮助游客做出更明智的决策。例如，游客可以通过智慧旅游系统了解到某个景点当前的拥堵情况和游览的最佳时间，从而避免人流高峰期，提升游览体验。智慧旅游的决策支持还体现在个性化推荐方面。通过对游客的兴趣、偏好、历史消费记录等进行分析，智慧旅游系统能够向游客推荐更加符合其需求的旅游产品和服务。这样的个性化推荐可以帮助游客更好地规划行程，使其旅游体验更加满意。智慧旅游的决策支持还可以体现在预测和风险管理方面。通过分析各种旅游数据和相关影响因素，智慧旅游系统能够预测一些潜在的风险，为游客提供相应的警示和安全提示。例如，在一些自然灾害频发的地区，系统可以提醒游客保持警惕或采取必要的防范措施，避免安全事故。这样的决策支持可以有效提高游客的安全感和信任度，促进智慧旅游的可持续发展。

四、智慧旅游的影响

（一）对游客的影响

智慧旅游作为一种创新型的旅游方式，为游客带来了多重价值体验。首先，智慧旅游使得游客能够更加便捷地规划和安排旅行。通过智能手机等移动设备，游客可以随时随地获取到丰富的旅游信息，包括景点介绍、交通路线、餐饮住宿推荐等。这样的便利性大大提高了游客在旅途中的舒适度和满意度。智慧旅游让游客能够深度参与和互动。通过智能导览系统、虚拟现实技术等，游客可以获得更加丰富的旅游体验。比如，在参观博物馆时，游客可以通过手机或导览设备，获取展品的相关解说、音频、视频等资料，使得参观更加有趣。而且，游客还可以通过社交媒体分享自己的旅游经历，与他人互动交流。智慧旅游能为游客提供个性化的旅游体验。通过利用大数据技术和个性化推荐算法，智慧旅游系统可以根据游客的兴趣、偏好和需求，为其量身定制旅行线路和推荐景点。比如，对于喜欢购物的游客，智慧旅游系统可以向其推荐附近的购物中心和特色小店；对于喜欢历史文化的游客，可以为其推荐相关的历史遗迹和博物馆。这样的个性化服务，不仅能提升游客的满意度，同时也能促进旅游地的发展和经济增长。智慧旅游还能为游客提供安全保障。通过智能监控、人脸识别技术等，游客可以更加安全地旅行。在一些旅游景点，智慧旅游系统可以实时感知旅游人流状况，为游客提供安全提示。这样的安全保障措施，有助于游客安心享受旅行。

（二）对旅游企业的影响

智慧旅游作为一种创新的旅游模式，为旅游企业带来了许多新的机遇。在智慧旅游的背景下，旅游企业可以更好地满足游客的需求，提升服务质量，拓展市场份额，实现可持续发展。智慧旅游有助于旅游企业提高市场洞察能力。在传统旅游模式下，旅游企业往往难以准确了解游客的需求，因此无法提供个性化和定制化的旅游产品和服务。而在智慧旅游中，通过大数据和人工智能的应用，旅游企业能够收集和分析大量游客数据，了解他们的兴趣偏好、消费能力、旅游行为等信息，从而制定更精准的市场策略，开发出符合游客需求的产品和服务，提升竞争力。智慧旅游有助于旅游企业提高运营管理能力。在传统旅游模式下，旅游企业的运营管理往往需要投入大量人力、物力，效率低下。而智慧旅游的引入，有助于实现旅游资源的精准调配，提高资源利用率。例如，通过智能化的预订和安排系统，旅游企业可以更好地管理相关资源，优化游客的行程安排，提高自身的工作效率，降低成本。此外，还可以通过智慧化的营销和推广手段，实现对营销效果的实时监测和调整，提高营销效果和投资回报率。智慧旅游能帮助旅游企业创造更好的客户体验。在传统旅游模式下，游客往往面临信息不对称、服务不周到的问题。而智慧旅游的发展，带来了更便捷的信息获取渠道和更好的服务体验。通过智能化的导览系统、手机应用和智能终端设备，游客可以实时获取旅游目的地的信息。同时，智慧旅游还可以通过智能化的推荐和定位技术，为游客提供个性化的旅游建议和服务，提高游客的旅游满意度和忠诚度。智慧旅游有助于旅游企业提升品牌价值。在智慧旅游时代，旅游企业如果能够在技术创新和服务创新上取得突破，提供更好的智慧旅游产品和服务，就能赢得游客的口碑和信任，树立良好的品牌形象。品牌的形象和价值的提升，不仅有助于旅游企业扩大市场份额，还能够吸引更多的游客和合作伙伴，实现良性循环和健康发展。

（三）对旅游地的影响

智慧旅游的兴起，不仅为游客和旅游企业带来了巨大影响，同样也为旅游地本身带来了较大影响。以下将从三个方面分析智慧旅游对旅游地的影响。智慧旅游有助于旅游地采用更加高效便捷的管理和运营方式。通过应用智能化信息系统和互联网技术，旅游地能够实现对游客流动、游客需求等信息的实时监测和分析。这使得旅游地能够更好地制定旅游资源的合理配置策略，提高资源利用效率。同时，智慧旅游系统还能够实现智能化的票务管理、导览服务等，为游客提供更加舒适的旅游体验。这种高效便捷的管理和运营方式，无疑提升了旅游地的综合竞争力。智慧旅游为旅游地的可持续发展作出了积极贡献。智慧旅游强调信息共享和合作，能够促进旅游地之间的合作与交流。通过智慧旅游平台，旅游地可以分享各自的实践经验，互相借鉴学习，共同面对挑战。这在一定程度上提升了旅游地的整体形象和影响力，吸引更多游客的关注和青睐。同时，智慧旅游还能够提升旅游地的生态环境保护意识，促进旅游业的可持续发展，实现经济效益和环境效益的双赢。智慧旅游有助于旅游地打造更加个性化和多元化的旅游产品。通过利用大数据和个性化推荐技术，旅游地能够深入了解游客的需求和兴趣，开发出更加符合游客口味的旅游产品。同时，智慧旅游系统还能够融合虚拟现实、增强现实等新兴技术，为游客带来更加丰富多样的旅游体验。这不仅能够吸引更多游客的到访，还能够提高游客的满意度和忠诚度，为旅游地带来持续的经济效益。

第二节　智慧旅游资源

一、智慧旅游资源的类型

（一）自然资源

自然资源是智慧旅游资源的重要组成部分。在智慧旅游中，自然资源指的是那些与大自然相关的旅游景观和环境。自然资源的特点是多样性和独一无二性。自然资源的多样性使得智慧旅游更具选择性。在一个国家或地区，自然资源的种类繁多，涵盖了山川河流、湖泊海洋、森林草原等多种自然景观。比如，我国有黄山、张家界、长江三峡等著名景点，每个景点都有其独特的吸引力，这为智慧旅游提供了丰富的选择。自然资源的独一无二性使得智慧旅游更具特色。自然资源所包含的景观和环境在每个地方都具有独特性，这基于其地理位置、气候条件和地质构造等因素。比如，巴厘岛以其美丽的海滩和独特的热带气候而闻名，而阿拉斯加州则以冰川和北极光而吸引游客。这些独特的自然资源使得智慧旅游在不同地区都能呈现出特色。需要特别强调的是，自然资源的保护和可持续利用是智慧旅游发展中的重要议题。采取科学合理的措施，保护生态环境，防止自然资源的过度开发和破坏，同时推动可持续的旅游发展，是智慧旅游资源调查和评价的重要内容之一。

（二）文化资源

文化资源作为智慧旅游资源的重要组成部分，具有丰富多样的特点。首先，文化资源包括文物古迹、历史遗址、传统节日等，承载着丰富的历史文化内涵，能丰富游客的文化体验。其次，文化资源具有地域性和差异性，不同地区、民族的文化资源呈现出各具特色的面貌，使游客能够感受到不同文化背景下的独特魅力。再次，文化资源常常能够激发游客的好奇心，在亲身体验中产生情感共鸣。

最后，文化资源还能够为游客提供学习和教育的机会，通过参观文化场所和参与文化活动，游客可以增长知识、开阔眼界。针对文化资源的调查与评价是智慧旅游中不可忽视的一环。通过对文化资源的调查和评价，旅游企业可以了解其价值和潜力，为后续的开发和利用提供指导。调查可以通过实地考察、问卷调查、深入访谈等方式进行，要全面收集相关数据和意见，从而得出准确可靠的结论。评价则需要考虑多个维度，包括历史文化价值、观光价值、经济价值等方面，综合评估文化资源的重要性和优劣势。智慧旅游中还需要对文化资源进行整合与优化，以提供更好的旅游体验。通过整合，不同的文化资源能相互联结起来，形成完整的旅游线路和体验路径，使游客能够得到全面的文化体验。而优化则是指通过提高和升级文化资源的设施和服务，提高游客的满意度和体验质量。例如，可以利用虚拟现实技术展示文化资源，使游客能够更直观地感受到历史文化的魅力。

（三）人造资源

在智慧旅游中，人造资源扮演着不可或缺的角色。人造资源是指人类通过劳动和技术手段创造出来的旅游资源。与自然资源和文化资源相比，人造资源更多地与人类的智慧和创造力相关。人造资源包括人类建造的各类旅游设施和景点。举例来说，主题公园就是一种典型的人造资源。通过巧妙的设计和建造，主题公园创造了一个虚拟的世界，吸引游客体验各种活动。此外，人类还建造了众多的景区、博物馆、剧院等，为游客提供了丰富多样的观光和文化娱乐选择。人类借助信息技术的发展创造了智慧旅游资源。举例来说，虚拟现实技术的应用已经成为智慧旅游的重要发展方向之一。游客可以通过虚拟现实设备，如头戴式显示器，体验既有的自然和文化景观。同时，旅游企业还通过智能导航、在线导游等技术手段，为游客提供了更便捷、个性化的旅游服务。这些信息化资源为游客带来了全新的旅游体验。

（四）信息化资源

信息化资源是指通过信息技术手段获取、处理、传输和利用的旅游资源。

1.信息化资源丰富了旅游内容和体验

随着互联网和移动通信的普及，游客可以通过各种平台和应用程序获取丰富的旅游信息，包括景点介绍、交通指引、住宿预订、美食推荐等。这些信息化资源不仅为游客提供了便利，也使得游客能够更好地规划行程，提高旅行的效率和满意度。

2.信息化资源提升了旅游服务的质量和效益

通过智能化的旅游系统和平台，游客可以享受到更加个性化的服务。例如，旅游企业可以根据游客的偏好和需求，提供个性化的旅游线路。同时，信息化资源为实现游客与旅游服务提供者之间的实时沟通和反馈提供了便利和有效的手段。比如，游客可以通过旅游网站或手机应用程序在线咨询旅游服务提供者，询问关于旅游行程、住宿、餐饮等方面的问题。旅游服务提供者可以通过在线聊天、电子邮件或电话等方式回复游客的问题，提供及时的服务。这种互动和协同作用，提高了旅游服务的质量和效益。

3.信息化资源促进了旅游产业的发展和创新

通过信息化技术的应用，旅游企业可以实现业务的数字化和网络化，提高运营效率和管理水平。同时，信息化资源也为旅游创新提供了更多的可能性。例如，虚拟现实技术可以为游客提供身临其境的旅游体验，无人机可以为游客提供独特的鸟瞰景观，大数据技术可以为旅游企业进行旅游决策提供科学依据，等等。这些创新应用不仅提升了旅游企业的竞争力，也推动了旅游产业的转型和升级。

二、智慧旅游资源的特点

（一）信息化

随着智能技术的成熟与应用，智慧旅游资源正呈现出鲜明的信息化特征。信息化是智慧旅游资源发展的基础，也是实现智慧旅游的重要手段之一。

智慧旅游资源的信息化特点体现在信息的集成和共享上。通过信息技术的应用，在智慧旅游资源的开发中，不同类型的信息得以整合和共享，使得资源的信息变得更加全面、准确、及时。例如，在智慧旅游的导览系统中，利用信息技术可以将景点的历史文化、自然环境、交通信息等多种信息进行整合，使游客能够全面了解目的地的各个方面。在智慧旅游资源的优化和管理中，使用信息化手段，可以实现不同旅游主体之间的信息共享，提高资源利用的效率和便利性。

信息化特点体现在智慧旅游资源的智能化上。利用先进的信息技术，智慧旅游资源可以实现自动化、智能化的控制和管理。例如，在智慧旅游景区中，旅游企业可以通过智能监测设备对游客的数量、环境条件等进行实时监测和管理，从而保障游客的安全。智慧旅游资源的智能化还表现在人机交互的方面，通过智能终端设备和应用软件，游客可以方便地获取各种信息和服务，尽享个性化的旅游体验。

信息化特点体现在智慧旅游资源的网络化上。互联网技术的广泛应用使得智慧旅游资源与网络紧密结合，形成了互联网旅游的新模式。通过网络，智慧旅游系统可以实现在线预订、在线导航、在线支付等功能。通过网络，智慧旅游资源之间可以互联互通，为游客提供更加丰富多样的旅游产品和服务。例如，在智慧旅游资源的调查和评价中，借助网络平台，可以对游客的满意度进行实时监测和反馈，从而提高旅游资源的质量和旅游企业的服务水平。

智慧旅游资源的信息化特点还体现在服务的个性化上。信息化手段有助于旅游企业识别和满足游客的个性化需求。通过收集游客的个人信息和偏好，智慧旅游系统可以向游客提供定制化的服务和推荐，提升游客的旅游体验和满意度。例如，在智慧旅游景区中，通过手机 App，游客可以根据自己的兴趣和时间安排，定制个性化的游览路线。

（二）智能化

智慧旅游资源的特点之一是智能化。随着科技的不断进步，智慧旅游资源正逐渐成为旅游业的重要组成部分。智能化使得旅游资源具备了更多的自动化和智能化的功能。例如，在智慧旅游景区，游客可以通过智能导览系统进行自助导览，不再需要人工导游的带领。这不仅方便了游客，还提高了游客游览的效率。另外，景区还可以通过各种传感器和智能设备对旅游资源进行监测和管理，实现旅游资源的智能化控制和优化。智能化的旅游资源能够更好地融入现代社交网络和虚拟世界。通过智能化技术，旅游企业可将旅游资源与社交媒体、网络平台进行连接，实现旅游资源的在线分享。游客可以通过手机或其他智能设备记录旅游过程，并与朋友、家人分享旅游的点点滴滴。智能化的旅游资源也可以通过虚拟现实技术为游客提供虚拟旅游体验，使得游客能够在无须出门的情况下，享受到身临其境的旅游体验。智能化的旅游资源还可以提供更多的信息和服务支持。通过智能终端设备，游客可以获取到更丰富的旅游信息，包括景点介绍、交通指引、旅游活动等。同时，智能化的旅游资源还可以提供在线预订和支付等服务，简化了游客的旅行流程，提高了旅游的便捷性。

（三）网络化

智慧旅游资源的网络化是指依托互联网和信息通信技术，将旅游资源进行数字化、信息化、在线化处理，以实现资源的在线展示、在线交互和在线营销。网络化使得旅游资源的展示变得更加全面和真实。传统的旅游资源展示只能通过实地访问或者图文介绍的方式进行，限制了游客对资源的了解和选择。而现在，通过互联网平台，游客可以通过图片、视频等多媒体形式直观地了解目的地的风景、设施、特色等信息，从而更好地做出旅游计划和选择。网络化让旅游资源的交互变得更加便捷和灵活。通过互联网平台，游客可以随时随地进行预订、购票、查询等操作，免去了排队的时间。游客还可以通过社交媒体等渠道与其他游客进行交流，分享旅游经验，为其他人提供参考和决策支持。网络化推动了旅游资源的在线营销和推广。通过互联网平台，旅游机构、景区等可以通过各种形式的广告和推介来吸引更多的游客。同时，通过大数据和精准推送等技术手段，根据游客的需求和偏好，为其提供个性化的旅游推荐和服务，提高旅游体验和满意度。网络化也为旅游资源管理带来了一些挑战。网络化使得旅游资源的信息量大大增加，如何有效整合、管理和筛选这些信息成为一个重要的问题。同时，随着互联网的普及，游客获取信息的渠道也大大增加，这使得旅游资源的营销和推广面临新的挑战。此外，网络化还带来了网络安全问题，如何保障旅游资源和游客的信息安全也成为一个重要的问题。

（四）服务化

智慧旅游资源的服务化是指利用先进的信息技术手段，为游客提供个性化、全方位且便捷高效的旅游服务。在智慧旅游资源中，服务化是一个重要的特点，它为游客带来了前所未有的便利和舒适体验。

智慧旅游资源的服务化体现在智能化设备和技术的应用上。例如，在游客预订酒店时，智慧旅游系统可以根据游客的偏好和需求，推荐合适的酒店和房间类型，这样游客可以根据自己的需求选择最合适的住宿方案。智慧旅游系统还可以根据游客的兴趣爱好和时间安排，为他们提供个性化的景点推荐和旅游行程安排，使其旅行更加符合自己的喜好和需求。

智慧旅游资源的服务化体现在全方位的服务覆盖上，不仅包括传统的酒店、景点、交通等服务，还涵盖了餐饮、购物、娱乐等方方面面的服务。通过智慧旅游系统，游客可以方便地预订餐厅、购物并享受到各种优惠和特权。同时，在游玩过程中遇到问题或需要帮助时，游客也可以通过智慧旅游系统与客服人员进行实时沟通和解决问题。

智慧旅游资源的服务化还体现在提供便捷高效的旅游服务上。通过智能化的导航系统和移动支付技术，游客可以轻松找到目的地并完成各种付款操作。智慧旅游系统还可以提供实时的交通信息和天气预报等服务，帮助游客更好地规划行程。

三、智慧旅游资源的评价

（一）智慧旅游资源的评价指标

针对智慧旅游资源的调查与评价，评价指标的选择是至关重要的。评价指标可以从不同维度对智慧旅游资源进行全面的评估。

1.用户满意度

用户满意度体现了智慧旅游资源对游客的吸引力和实用性。通过对游客的满意度进行调查和评估，我们可以了解到智慧旅游资源在交通、导航、预订等方面的表现如何，进而判断其是否具有较高的用户价值。

2.智慧旅游资源的可持续发展指标

保证旅游资源的可持续发展是智慧旅游的重要目标之一。我们选取了环境保护、文化遗产保护、社会经济效益等指标来评价智慧旅游资源在可持续发展方面的表现。通过对这些指标的测量和评估，我们可以了解到智慧旅游资源的环境友好性。

3.智慧旅游资源的技术创新指标

智慧旅游资源的核心是技术创新，因此我们评价智慧旅游资源时需要关注其技术层面的特点。我们选择了数字化水平、技术应用创新、信息安全等指标来评价智慧旅游资源的技术创新程度。通过对这些指标的评估，我们可以了解到智慧旅游资源的数字化程度、技术应用的先进性以及信息安全的保障程度。

4.智慧旅游资源的社交互动指标

智慧旅游资源在促进游客之间互动和交流方面扮演着重要的角色，可以选取社交媒体数据、游客互动频率、社交互动效果等指标来评价智慧旅游资源的社交互动性。通过对这些指标的评估，我们可以了解到智慧旅游资源在社交互动方面的优势、游客之间的互动活跃度以及社交互动的效果如何。

（二）智慧旅游资源的评价方法

1.专家评价法

可以邀请来自相关领域的专家和学者，利用专门设计的评价指标体系，对各个维度的智慧旅游资源进行评价。这种方法通过结合专家的经验和知识，能够提供比较客观、权威的评价结果。

2.问卷调查法

可以设计一份详细的问卷，在各个智慧旅游资源使用场景中对智慧旅游资源进行广泛的调查。通过收集游客对智慧旅游资源不同方面的评价、满意度和建议，我们可以获得较为全面的评价信息，并进一步分析游客对智慧旅游资源的态度和需求。

3.数据分析方法

通过收集大量的数据，包括用户使用数据、行为数据、满意度数据等，并对这些数据进行统计分析和模型建立，我们可以得出相对客观的评价结果，并发现潜在的问题和优化方向。

四、智慧旅游资源的整合与优化

（一）资源整合策略

在智慧旅游资源的整合与优化过程中，资源整合策略的使用是至关重要的一环。资源整合旨在将各种具有开发潜力的资源，包括自然景点、文化遗产、交通、住宿、餐饮等，进行有机结合，以提供更加完整、便捷、个性化的旅游体验。

1.资源整合需要明确整合的目标和重点

旅游资源的整合并非简单的集成或堆砌，而是要根据目标市场需求和旅游目的地的特点，制定相应的整合策略。例如，针对文化旅游，可以强调景点与文化遗产的整合；针对生态旅游，可以将景区与自然保护区进行联动。只有明确整合的目标，才能更加有针对性地推进资源整合。

2.资源整合需要考虑多方合作与共享

在智慧旅游资源的整合中，涉及不同的旅游从业者、政府部门、科研机构等多个主体之间的协同合作。因此，资源整合要促进各方之间的合作共赢，建立起资源共享的机制和平台。通过共享资源和信息，旅游企业不仅可以提高资源的利用率，还可以降低整合成本和提升服务质量。

3.资源整合需要利用先进的信息技术手段

在现代社会中，信息技术的发展为资源整合提供了强有力的支持。借助智慧旅游平台和系统，可以实现资源的在线预订、导航、评价等功能，提升游客的旅游体验。因此，在资源整合中，旅游企业应该充分利用信息技术的优势，构建智慧旅游的网络和服务体系。

4.资源整合策略需要不断优化和创新

随着旅游市场的发展和消费者需求的变化，资源整合策略也需要不断调整和完善。通过市场调研和分析，了解旅游市场的动态，及时调整整合策略。同时，也要鼓励创新和改革，探索新的资源整合模式和方法，以适应旅游市场的需求变化。

（二）资源优化方法

在智慧旅游资源的整合与优化过程中，优化方法起着至关重要的作用。优化方法的选择和实施将直接影响到智慧旅游资源的整合效果和旅游体验的提升。这里将探讨几种常见的资源优化方法。

1.数据分析技术

通过采集、整理和分析大量的旅游数据，我们可以深入了解旅游资源的分布、利用情况以及游客的行为习惯等信息。基于这些数据的分析结果，我们可以更好地了解旅游资源的潜力和瓶颈，从而制定合理的优化策略。例如，通过对游客路径的分析，我们可以确定旅游资源的热门区域和流量高峰，进而调整资源的布局和规划，优化游客的流动和游览体验。

2.引入人工智能和大数据技术

人工智能技术的应用，有助于旅游企业实现对旅游资源的智能化管理和优化。例如，利用机器学习算法，可以预测旅游资源的需求变化和游客的消费倾向，从而提前做好资源配置和服务准备。借助大数据技术，旅游企业可以对游客行为和反馈信息进行实时监测和分析，及时发现问题和改进不足，进而提供更加个性化和优质的旅游服务。

3.加强与相关产业的合作与协同

旅游资源的优化需要各个相关产业的共同努力和配合。例如，通过与交通管理部门的协同，可以优化旅游交通线路和提高运行效率，为游客提供更便利的出行选择；通过与酒店和餐饮业的合作，可以为游客提供更优质的住宿和餐饮服务，满足游客多样化的需求。为了实现智慧旅游资源的整合与优化，政府应当起到积极推动和引导的作用。政府部门可以制定相关政策和规划，为资源整合提供政策支持和法律保障。同时，政府应当加强与企业和社会组织的合作，形成共同推动资源整合与优化的良好局面。政府还可以鼓励和支持创新科技企业的发展，推动智慧旅游资源的优化和创新。

（三）实现路径

在智慧旅游资源的整合与优化过程中，确定实现路径是至关重要的一步。实现路径是指在资源整合与优化的基础上，通过一系列的方法和措施，将不同类型的智慧旅游资源有机地结合在一起，实现协同发展和优化利用。这里将从三个方面，即技术路径、管理路径和市场路径，探讨智慧旅游资源整合与优化的实现路径。

1.技术路径

在资源整合过程中，要采用合适的技术手段，确保不同类型的资源能够互相配合、互相支持。例如，利用云计算、大数据和物联网等技术，建立起智慧旅游资源大数据平台，实现不同资源的信息共享与交流。通过利用智能化的系统和设备，旅游企业可有效提升旅游服务质量，为游客提供更好的旅游体验。

2.管理路径

在整合与优化的过程中，需要制定科学的管理策略和规范，明确资源的使用权、管理责任和利益分配等问题。建立统一的管理机制和监督体系，加强对智慧旅游资源的监管和引导，确保资源的合理利用和长效运行。要注重人力资源的培养和管理，提高从业人员的专业素养和创新能力，推动智慧旅游资源的发展。

3.市场路径

通过市场化的手段，将不同类型的资源整合起来，形成有市场竞争力的产品和服务。特别是要注重挖掘旅游资源的特色，推出具有差异化竞争优势的产品和线路。积极开展市场宣传和推广活动，提升智慧旅游资源的知名度和美誉度，吸引更多的游客和投资者。

第三节　智慧旅游背景下的虚拟旅游

一、虚拟旅游的定义和类型

（一）虚拟旅游的定义

虚拟旅游是指通过信息与通信技术，模拟真实旅游环境，使游客可以在虚拟空间中得到沉浸式的旅游体验。与传统旅游不同的是，虚拟旅游不需要游客实际到达目的地，而是通过虚拟现实技术或增强现实技术，将游客带入一个虚拟的旅游环境中。下文会详细介绍虚拟现实技术和增强现实技术，这里不再赘述。

虚拟旅游极大地丰富了旅游信息传递的方式。旅游产品具有无形、不可储存和季节性的特点，游客往往是在不可知的状态下购买旅游产品。这让游客产生了不安全感，而虚拟旅游可以避免这种情况。对于游客来说，旅游信息的来源不再只是简单的文字介绍、图片展示，虚拟旅游作为旅游产品的有形化手段，让游客可以事先亲身体验旅游地，获得直观的感知后，产生实地游览的动机。对于旅游企业、旅游目的地来说，旅游营销手段也可得到升级。旅游目的地可以通过虚拟旅游技术，促使游客在虚拟旅游过程中，形成旅游地形象感知，吸引更多的游客前来旅游。

虚拟旅游改变了传统的旅游方式和商业模式，创建出传统旅游与线上旅游相结合的全新模式，在推动景区传统旅游业发展的同时也极大促进了电子商务产业的发展。

（二）虚拟旅游的类型

虚拟旅游的类型较多，以下将介绍几种常见的虚拟旅游类型，包括虚拟现实旅游、增强现实旅游、全息投影旅游和模拟仿真旅游。

1.虚拟现实旅游

虚拟现实旅游是一种通过虚拟现实技术，将用户带入虚拟的旅游场景中的体验。用户戴上虚拟现实头盔，在数字化的景区环境中自由移动和探索，仿佛身临其境。虚拟现实旅游可以为用户提供丰富多样的旅游体验，如探索珊瑚礁、登雪山等。通过实时交互，用户可以与虚拟世界中的动物、景观进行互动，增强旅游的沉浸感。

2.增强现实旅游

在增强现实旅游中，用户可以通过智能设备（如手机、平板电脑等）上的摄像头，实时获取周围环境的图像，并通过增强现实技术将虚拟元素叠加到真实环境中。这些虚拟元素可以是历史建筑、文化景观、人物角色等等,用户可以通过手势、声音等方式与这些虚拟元素进行互动,从而获得更加丰富和有趣的旅游体验。增强现实旅游的优势在于其可以将虚拟元素和真实环境进行无缝融合,使用户可以更加深入地了解和体验旅游目的地。同时,这种技术还可以提高用户的参与感,使用户可以更加主动地探索和感受旅游的魅力。此外,增强现实旅游还可以为旅游行业带来更多的商业机会和合作模式。例如,旅游目的地可以通过与游戏公司合作,将游戏中的场景和元素融入真实环境中,为用户提供更加独特的旅游体验。同时,旅游公司还可以通过与影视公司合作,将影视作品中的场景和元素融入真实环境中,为用户提供更加深入的文化体验。

3.全息投影旅游

全息投影技术是一种利用干涉和衍射原理记录并再现物体的三维图像的技术。这种技术可以将虚拟景点和场景以三维立体的形式投射到特殊设备上,使用户可以像观看幻灯片一样欣赏虚拟的旅游景点。全息投影技术可以产生立体的空中幻象,还可以使幻象与表演者产生互动,一起完成表演,产生令人震撼的演出效果。这种技术的应用给旅游行业带来了更多的创新和发展机会,使用户可以更加深入地了解和体验旅游目的地。

4.模拟仿真旅游

模拟仿真旅游是利用计算机技术,通过模拟或再现旅游景点的场景和环境,让用户可以在虚拟环境中进行旅游体验的一种虚拟旅游类型。模拟仿真旅游可以利用计算机还原真实景区的地理环境、景观等要素,用户可以在虚拟环境中进行自由探索和体验。模拟仿真旅游可以通过增强现实技术、触觉反馈等手段提供更真实的旅游体验。

二、虚拟旅游的特点

(一)无时间、空间限制

在虚拟旅游的世界中,用户可以摆脱传统旅游的时间和空间限制,随时随地进行旅行。正因为虚拟旅游的这个特点,我们可以通过虚拟现实技术和增强现实技术,让用户参观不同的地方。传统旅游通常需要用户花费大量的时间去到达目的地,而虚拟旅游则可以通过虚拟现实技术将用户带入一个完全虚拟的环境,无须用户耗费大量时间和精力去实际旅行。比如,利用虚拟现实设备,用户在家中就可以漫步于巴黎的塞纳河畔,或者观赏威尼斯水城的小艇,这为那些无法亲自前往目的地的人带来了很大的便利。通过增强现实技术,在现实环境中叠加虚拟景观,用户可以在自家后院或者城市公园中体验到山川河流的美丽。虚拟旅游的无时间、空间限制的特点为旅游行业带来了许多机遇和挑战。一方面，用户可以在不断变化的虚拟旅游市场中得到更丰富的旅游体验。另一方面，旅游从业者需要继续发展和创新，结合虚拟现实、增强现实技术，提供更加个性化、多样化的旅游产品。在这个数字化时代，虚拟旅游已经成为旅游行业的一个重要趋势。无论是为了满足消费者的个性化需求，还是为了拓展旅游市场，虚拟旅游将成为旅游行业持续创新的重要推动力量。我们有理由相信，虚拟旅游会为人们带来更加丰富、多样的旅游体验。

（二）个性化的旅游体验

虚拟旅游通过技术手段，能够实现对不同用户的个性化需求的满足，使其在旅游过程中获得更加个性化的体验。在虚拟旅游中，用户可以根据自己的兴趣和偏好，选择自己感兴趣的目的地和景点进行虚拟旅游。无论是喜欢自然风光的用户，还是对历史文化感兴趣的用户，他们都能够找到符合自己口味的旅游景点。通过虚拟现实技术，用户可以游览国内外的名胜古迹，无须亲身前往，也能够得到一种身临其境的感觉。虚拟旅游能够为用户提供各种个性化的旅游体验。比如，用户可以通过操作虚拟设备，参加各种刺激的旅游活动，如滑雪、跳伞等，从而满足他们对冒险和刺激的需求。同时，虚拟旅游还能够根据用户的喜好，推荐适合他们的旅游产品和服务，如美食、购物、文化体验等，大大提升了用户的满意度。在虚拟旅游中，用户还可以根据自己的时间安排和兴趣爱好，自由选择旅游的节奏。虚拟旅游可以提供全天候的旅游服务，没有时间和空间的限制，用户可以根据自己的喜好进行旅游，随时随地享受到旅游的乐趣。此外，通过虚拟现实技术，用户还可以根据自己的意愿随意探索虚拟世界中的各个景点，以满足自己的探索欲望。

（三）交互性与沉浸感

虚拟旅游的目的在于让用户融入一个与现实世界不同的虚拟环境中，与之互动并获得真实的旅游体验。而交互性和沉浸感的结合正是实现这个目标的重要手段。交互性是指用户与虚拟旅游系统之间的互动。在虚拟旅游中，用户不再是单纯的被动观察者，而是可以主动选择参与其中的角色。他们可以通过点击、滑动、移动等手势与虚拟环境进行互动，探索并发现属于自己的旅游乐趣。例如，在一个虚拟博物馆中，用户可以自由选择浏览展品、放大缩小观看细节，甚至与虚拟导游进行对话，获取更多的背景信息。沉浸感是指用户在虚拟旅游中获得的身临其境的感觉。通过虚拟现实技术和增强现实技术，用户可以感受到仿佛置身于真实场景中的视觉、听觉和触觉体验。例如，在一个虚拟的海底世界中，用户可以透过眼前的虚拟现实眼镜看到绚丽多彩的珊瑚礁、游动的鱼群，并有触摸到水滴的触感。这种沉浸感增加了用户的旅游乐趣。交互性和沉浸感的结合，使得虚拟旅游成为一种全新的体验方式。用户通过与虚拟环境的互动和感官的刺激，可以获得与真实旅游相似甚至更多的体验，而且不受时间和空间的限制。无论是想参观古代文明的遗址，还是漫游热带雨林，用户都可以通过虚拟旅游来实现。值得注意的是，虚拟旅游在不断发展和创新的过程中，应该更加关注用户需求，提供更加个性化、独特的旅游体验。只有通过持续的技术创新和对用户需求的研究，虚拟旅游才能不断进步，真正满足用户的需求。

三、智慧旅游与虚拟旅游的融合

（一）智慧旅游与虚拟旅游的关系

智慧旅游和虚拟旅游作为两种不同的概念，它们之间存在着密切的联系。智慧旅游强调利用信息技术、互联网与物联网等先进技术手段，提升旅游的智能化、便利化与个性化水平。而虚拟旅游则强调通过虚拟现实、增强现实等技术手段，将用户带入虚拟的旅游环境中，打造身临其境的旅游体验。从技术角度来看，智慧旅游和虚拟旅游有着密切的关系。智慧旅游注重信息技术的应用，通过智能手机、电脑等智能终端设备，将游客与目的地、景点、服务等进行连接，提供定制化的旅游信息和服务。而虚拟旅游则利用虚拟现实、增强现实等技术，为游客提供更加全面、生动的旅游体验。可以说，智慧旅游提供了技术支持，为虚拟旅游的实现提供了先决条件。智慧旅游和虚拟旅游在旅游行业的发展方向上存在着共同点。智慧旅游的发展旨在提升旅游服务的质量和效率，为游客提供更好的旅游体验。虚拟旅游则是通过虚拟技术的应用，拓展旅游的边界，创造更多的旅游可能性。两者的共同点在于都致力于推动旅游行业朝着更加智能化、个性化和跨界融合的方向发展。智慧旅游和虚拟旅游的结合，能够为旅游行业带来更多的创新和发展机遇。

（二）智慧旅游与虚拟旅游的融合模式

智慧旅游的快速发展为虚拟旅游提供了更广阔的应用空间和创新思路。智慧旅游通过整合信息技术和通信技术，实现了旅游资源的智能管理和旅游服务的个性化定制。在虚拟旅游中，智慧旅游系统与虚拟现实、增强现实等技术的融合，为游客带来了更加真实、沉浸式的旅游体验。智慧旅游与虚拟旅游的融合体现在以下几个方面。

1.智能导览系统

智能导览系统结合了智慧旅游中的人工智能和虚拟现实技术，通过语音导航和虚拟景观展示，为游客提供了全方位、互动式的导览体验。游客可以通过智能设备获取景区的导览信息，并且可以利用虚拟现实技术在虚拟环境中欣赏现实景区的美景，体验旅游的乐趣。

2.虚拟导游机器人

虚拟导游机器人是基于人工智能算法和语音交互技术开发的，可以代替传统导游人员进行旅游解说。通过与游客的交互，虚拟导游机器人可以根据游客的兴趣和需求提供个性化的旅游推荐，并利用虚拟现实技术展示景区的虚拟景观。游客可以通过与虚拟导游机器人的互动，深入了解景区的历史文化和风土人情，同时也增加了旅游的趣味性和互动性。

3.虚拟实景展示

虚拟实景展示是利用增强现实技术，将虚拟景观与真实景区相结合，帮助游客获得一种身临其境的旅游体验。通过手机或智能眼镜等设备，游客可以观看景区的虚拟景观，同时也可以欣赏到真实景区的风景。这种融合模式不仅丰富了旅游的内容和形式，还为游客提供了更加便捷和个性化的旅游方式。

（三）智慧旅游与虚拟旅游的融合对旅游行业的影响

智慧旅游与虚拟旅游的融合，为旅游行业带来了深远的影响。首先，通过智慧旅游与虚拟旅游的融合，旅游行业可以提供更加个性化和定制化的服务。传统旅游往往受限于时间、空间和资源等因素，而通过使用虚拟现实和增强现实技术，旅游企业可以为游客打造更加真实、沉浸式的旅游体验，令游客仿佛身临其境。这种个性化的旅游体验，能够满足不同游客的需求，提升游客的满意度和忠诚度。智慧旅游与虚拟旅游的融合可以改善旅游企业的运营效率。通过智能化的技术和系统，旅游企业可以更加高效地管理和运营旅游资源，实现资源的合理配置和利用。虚拟旅游的存在也能够减少实地旅游的压力，分散游客流量，实现旅游资源的可持续利用。这对于提升旅游行业的整体效益和可持续发展具有重要意义。智慧旅游与虚拟旅游的融合为旅游行业带来了全新的商机。虚拟旅游技术的发展，丰富了旅游企业的服务，比如旅游企业可为游客提供虚拟导游、虚拟商店、虚拟演出等服务。这不仅可以丰富游客的体验，还可以打造旅游消费新场景，促进旅游产业的发展。

四、虚拟现实技术和增强现实技术

（一）虚拟现实技术的定义与特点

1.虚拟现实技术的定义

虚拟现实是利用计算机模拟产生一个多维信息空间的虚拟世界，提供参与者视觉、听觉、触觉、嗅觉、味觉等感官的模拟，让人身临其境，实时、自由地感知三维空间内一切事物的技术。其技术目的是由计算机模拟生成一个三维虚拟环境，参与者可以通过一些专业传感设备，感触和融入该虚拟环境，在虚拟现实环境中，参与者看到的是全彩色主体景象，听到的是虚拟环境中的音响，手（或脚）可以感受到虚拟环境反馈给他的作用力，以自然的方式与虚拟环境进行交互，从而产生身临其境的感受和体验。

2.虚拟现实技术的特点

（1）沉浸感

沉浸感又称临场感。虚拟现实技术是基于人类的生理和心理特点，借助计算机产生逼真的三维立体图像，使用者通过头盔显示器、数据手套等交互设备，将自己置身于虚拟环境中，成为虚拟环境中的一员。使用者与虚拟环境中各种对象的相互作用，就如同在现实世界中的一样，当使用者转动头部时，虚拟环境中的图像也实时地发生变化，物体可以随着手势移动而运动，使用者还可听到三维仿真声音。沉浸感是虚拟现实最终实现的目标。

（2）交互性

虚拟现实系统中的人机交互是一种近乎自然的交互，人们不仅可以利用计算机键盘、鼠标进行交互，而且能够通过特殊头戴设备、数据手套等传感设备进行交互。计算机能根据使用者的头、手、眼、语言及身体的运动，来调整系统呈现的图像及声音，使用者可通过语言或动作等，来观察或控制虚拟环境中的对象。

（3）想象力

想象力是指使用者在虚拟环境中根据所获取的多种信息和自身在系统中的行为，通过逻辑判断、推理和联想等思维过程，随着系统的运行状态变化而对其未来进展进行想象的能力。

此外，多感知性也是虚拟现实技术的一个重要特性。正是由于虚拟现实系统中装有视、听、触、动觉的传感及反应装置，使得使用者在虚拟环境中可以获得视觉、听觉、触觉、动觉等多种感知，从而达到身临其境的感受。

（二）增强现实技术的定义与特点

1.增强现实技术的定义

增强现实技术，是指通过计算机等设备对真实环境进行感知和识别，然后将虚拟信息与真实环境相结合，使用户能够在现实场景中体验虚拟内容的技术。与虚拟现实技术相比，增强现实技术更加注重在用户与真实环境的交互中引入虚拟元素，以提供更加丰富、真实的体验。

2.增强现实技术的特点

（1）融合性

通过对真实环境的感知和分析，增强现实技术能够合理地将虚拟信息与真实环境进行融合，使得虚拟元素看起来与真实场景无缝衔接，给用户带来更真实的感觉。

（2）实时响应性

增强现实技术需要通过快速的感知、识别和处理等过程，将最新的虚拟信息叠加到真实环境中，保证用户能够及时看到虚拟元素的变化，并与之进行交互。

（3）交互性

增强现实技术的交互性可让用户通过手势、语音、触摸等方式与虚拟元素进行互动，实现对虚拟世界的操控和探索，增加了用户的参与感和体验感。

（4）可拓展性

通过不断创新和改进，增强现实技术在应用领域和功能上都具备较好的可扩展性。它不仅可以应用在旅游领域，让用户在旅游过程中更深入地了解相关景点、历史文化等内容，还可以应用在教育、医疗、建筑等多个领域，提供更加个性化和丰富的服务和体验。

（三）虚拟现实技术和增强现实技术在虚拟旅游中的应用

虚拟现实技术和增强现实技术在虚拟旅游中的应用是当前旅游行业的一个重要趋势。下面将通过分析几个实际案例来探讨这些技术在虚拟旅游中的具体应用。故宫博物院在虚拟现实技术的帮助下，为游客提供了深度体验宫廷文化的机会。通过使用虚拟现实设备，游客在进入虚拟世界时可选择一个自己喜欢的身份，如官员、宫女、嫔妃、武士等。参观时既可跟随一个导游，也可自己随意闲逛，或是自己做导游带领其他在线的游客一起参观。故宫博物院还利用增强现实技术制作了导览应用。通过增强现实技术，游客可以通过手机屏幕看到详细的建筑结构，以便更深入地了解古代建筑的设计和构造。此外，当游客走到某些特定地点时，手机屏幕上还会弹出与该地点相关的历史影像，使游客能够更全面地了解故宫的历史。虚拟现实和增强现实技术的结合应用也在虚拟旅游中展现出了许多创新的可能性。例如，某个旅游公司开发了一款结合虚拟现实和增强现实技术的产品，用户可以在虚拟环境中参观不同的旅游目的地，同时通过增强现实技术实时获取周围景点的信息。

第四节　智慧旅游背景下的在线旅游

一、在线旅游的特点

（一）信息化特点

信息化是在线旅游的重要特点之一。随着互联网技术的不断发展和应用，信息在旅游领域的传播速度得到了显著提升。在线旅游平台收集了大量的旅游信息，包括目的地景点、交通工具、酒店、旅游套餐等。用户可以通过在线旅游平台快速了解各种旅游信息，从而更好地规划旅程。在线旅游的信息化特点使得用户可以更加全面地了解目的地景点。在线旅游平台提供了丰富的图片、视频、文字等介绍方式，使得用户可以更加直观地了解目的地的风景、文化特色和历史背景等。用户可以通过这些信息评估目的地是否符合自己的兴趣和需求，为旅行做出合理的选择。在线旅游的信息化特点方便了用户对交通工具的选择和预订。在线旅游平台提供了详细的交通信息，包括航班、火车和汽车等多种交通工具的时刻表、票价和预订渠道。用户可以根据自己的出行需求，在线比较不同交通工具的价格和时间，选择最合适的出行方式，同时还可以在线完成订票和支付等操作。在线旅游的信息化特点满足了用户对酒店预订的需求。在线旅游平台提供了大量的酒店信息，包括酒店的详细介绍、价格、评价和预订渠道等。用户可以根据自己的预算和需求，在线比较不同酒店的价格、位置和设施等因素，选择最合适的酒店并进行在线预订。在线旅游的信息化特点促进了在线旅游平台的个性化推荐服务。通过用户的搜索和行为数据分析，在线旅游平台可以根据用户的兴趣和偏好，推荐个性化的旅游套餐和目的地。这样，用户可以更加方便地获取能满足自己需求的旅游产品，提高旅行的满意度。

（二）便捷性特点

便捷性是在线旅游的一个重要特点。随着互联网技术的迅猛发展，旅游行业也得以从传统模式向在线模式转变。在线旅游所带来的最显著的变化之一就是旅行过程的简单化。下面将从预订机票、酒店、景点门票等方面探讨在线旅游的便捷性特点。

1.机票预订

通过在线平台，用户可以实时查询各个航空公司的航班信息，比较价格和座位情况，轻松选择最符合自己需求的航班。完成预订后，用户可以直接在线支付，无须再亲自前往机票代售点或者银行办理手续，大大提高了出行效率。

2.酒店预订

在线旅游平台提供了大量的酒店信息，用户可以根据自己的需求选择合适的酒店，可以按照价格、星级、地理位置等因素进行筛选。用户可以通过在线平台直接预订酒店，并支付订金或全款。在线平台还提供了用户评价和酒店图片，使用户能够更好地了解酒店的实际情况。

3.景点门票的在线预订

用户可以通过在线平台预订景点门票，无须排队购票，节省了宝贵的旅行时间。用户可以通过在线平台了解到各个景点的开放时间、优惠政策等信息，更好地规划自己的旅程。

（三）个性化特点

个性化是在线旅游的一个显著特点，它体现在多个方面。

个性化体现在在线旅游的产品和服务定制上。在线旅游平台通过分析用户的个人偏好和需求，为其提供量身定制的旅游产品和服务。用户可以根据自己的喜好选择不同的旅游线路、交通方式、酒店以及活动等。这样，旅程会更加符合用户的要求，进而提高用户的满意度。

个性化体现在在线旅游用户的旅游体验上。在线旅游平台通过分析用户的历史记录、搜索行为等数据，为用户提供个性化的推荐和建议。比如，根据用户的喜好推荐相关的旅游目的地、景点、美食等信息，帮助用户更好地规划旅游行程。在线旅游平台还会根据用户的反馈和评价，不断改进和优化产品和服务，以满足用户不断变化的个性化需求。

个性化还体现在在线旅游的互动和社交功能上。在线旅游平台提供了用户之间的互动和交流平台，用户可以分享自己的旅游经历、心得和照片，与其他用户进行互动和交流。这样，用户可以从其他人的旅游经验中获取灵感，同时也可以通过互动和社交活动结识志同道合的旅行者，共同探索和体验不同的旅游目的地。这种个性化的互动和社交体验，增加了游客旅游的乐趣，使旅游不再是单纯的行程安排，而是一次有意义、有趣的社交体验。

（四）全球化特点

在全球化背景下，在线旅游具有突出的全球化特点。全球化特点是指在线旅游业务不再局限于本地市场，而是能够跨越国界，提供服务给全球用户。全球化特点表现在在线旅游平台较大的覆盖面上。随着互联网的普及和发展，越来越多的在线旅游平台兴起，这些平台不仅涵盖了本国的旅游资源，还能够提供跨境旅游服务。用户可以通过在线旅游平台轻松选择跨国旅游线路，预订国外酒店、机票等。这种全球化特点使得用户的旅行选择更加多样化，也为旅游产业的发展带来广阔的空间。全球化特点体现在在线旅游平台的多元化服务上。在线旅游平台通过与各个国家和地区的旅游供应商合作，开展全球旅游服务。无论是跨国酒店预订、国内外景点门票购买，还是跨境旅行保险的购买，在线旅游平台都能够提供便捷的服务。用户可以在全球范围内寻找适合自己的旅游产品，享受到更加丰富的旅行体验。全球化特点表现在在线旅游平台的多语种服务上。为了满足来自不同国家的用户需求，很多在线旅游平台提供多语种的服务，包括英语、法语、西班牙语等。这样的多语种服务使得用户不受语言限制，更加方便地进行旅行规划，增强了用户对在线旅游平台的信任感。全球化特点还表现在在线旅游平台在全球市场的拓展上。许多在线旅游平台积极拓展国际市场，通过与国外旅游机构的合作、开展境外推广活动等方式，将自身的业务拓展到全球。这种全球化战略使得更广泛的用户群体了解在线旅游平台，进而提升该平台的品牌知名度和竞争力。

二、在线旅游用户的需求特征与行为特征

（一）在线旅游用户的需求特征

在线旅游用户的旅行的目的多种多样，包括休闲度假、文化探索、商务出差等。这些不同的目的决定了用户在选择旅游产品和服务时的侧重点。例如，对于休闲度假型的用户，他们更注重酒店的舒适性和娱乐设施；而商务出差型的用户则更注重酒店的位置和会议设施。因此，在线旅游平台需要根据用户需求特征，提供丰富多样的旅游产品和服务，以满足不同用户的需求。在线旅游用户对于旅行方式的偏好是一个重要的需求特征。有些用户更倾向于自由行，希望自己安排行程和选择景点；而有些用户则更倾向于跟团游，享受集体旅行的便利。在线旅游平台需要根据用户的旅行方式偏好，提供个性化的旅游产品和服务。比如，对于喜欢自由行的用户，平台可以提供自助游攻略、景点推荐和预订工具；对于喜欢跟团游的用户，平台可以提供团队旅游线路和导游服务。在线旅游用户对于价格和优惠有较高的关注度。用户希望在旅游产品和服务中获得性价比高的选择，同时也希望能够享受到各种优惠和折扣。因此，在线旅游平台需要提供详细的价格信息，并及时更新促销活动和优惠信息，以吸引用户的注意和参与。在线旅游用户对于安全和信任的需求也非常重要。用户在选择在线旅游平台时，会考虑平台的信誉和口碑，担心可能的欺诈和虚假信息。因此，平台需要建立健全的用户评价和投诉机制，提供真实可靠的信息和服务，以增强用户的信任感和安全感。

（二）在线旅游用户的行为特征

在在线旅游领域，用户行为特征是了解用户需求和优化服务的关键因素之一。

用户行为特征可以从访问特点、搜索行为、购买意愿和满意度等方面来分析和研究。用户访问在线旅游平台具有一定的规律性。在旅游高峰期，用户的访问量明显增加，对特定旅游景点或目的地的搜索量也会有所增加。用户的访问时间相对集中在晚间和周末，这可能与用户在工作日更忙碌，只有在空闲时间才能进行旅游规划和咨询有关。用户的搜索行为在揭示其消费需求和偏好方面起到了关键作用。例如，用户在搜索中会关注价格、评论和评分等信息，以帮助他们做出选择。用户还会进行多次搜索，比较不同平台的价格和服务，以找到最合适的旅游产品。用户搜索中的关键词也可以反映他们的旅游偏好，如海滩度假、文化遗产等。用户购买意愿是在线旅游平台关注的重点之一。通过分析用户的购买意愿，平台可以制定相应的策略来提高销售转化率。研究表明，用户在在线旅游平台购买产品时，会考虑价格、质量、服务评价等因素。此外，用户对于促销活动和优惠券也显示出一定的关注度，这可以作为平台吸引用户、增加销售量的手段之一。用户满意度对于在线旅游平台的发展至关重要。用户满意度不仅取决于线上服务的质量，还包括售后服务和投诉处理等方面。通过研究用户的满意度，平台可以了解用户的需求，改进服务和产品，提高用户黏性。

（三）用户行为与需求的关联

在探讨在线旅游用户的需求与行为特征时，我们不可忽视二者之间的关联。用户的行为是根据其需求而展开的，需求影响着用户在在线旅游平台上的具体行为。这种关联对于在线旅游企业来说是至关重要的，它可以帮助企业更好地理解用户，并根据用户的需求和行为特征来提供个性化的服务和产品。用户的需求特征会直接影响其在在线旅游平台上的行为表现。用户对于在线旅游的需求可以有多种多样的表现，比如，寻找特定的目的地信息、预订酒店、购买门票等。根据用户的需求，他们会有不同的行为选择，比如，进行搜索、对比价格、阅读评论等。需求和行为之间的关系是相互作用的，用户的需求会指导其行为，而行为也会反馈到需求上。用户的行为特征也是与需求密切相关的。用户的行为特征可以包括浏览时间、点击量、购买频率等。这些行为特征可以反映用户对于在线旅游平台的偏好和使用习惯，从而进一步影响其需求的形成和变化。例如，用户频繁浏览某一类目的旅游产品，就说明他们对该类产品需求较大，而平台可以根据这种行为特征推荐相关的产品，满足用户的需求。用户行为与需求的关联也可以通过数据分析和挖掘来进行深入研究。通过收集用户在在线旅游平台上的行为数据，在线旅游企业可以分析用户的需求偏好、购买决策过程等，从而更好地理解用户的行为和需求之间的关联。这些数据可以为在线旅游企业提供有价值的信息，帮助他们制定更具针对性的市场策略，提供更加个性化的服务。

三、智慧旅游与在线旅游的融合

在线旅游与智慧旅游的融合是当前旅游业发展的一个重要趋势。在线旅游作为一种依托互联网技术实现旅游产品和服务预订的方式，已经为旅游行业带来巨大的改变。而智慧旅游则是通过运用先进的信息技术，如大数据、云计算、人工智能等，来提升旅游的品质和效率。

实现在线旅游与智慧旅游的融合需要采取合适的方式和措施。首先，要加强在线旅游企业与智慧旅游平台的合作。在线旅游企业可以通过与智慧旅游平台合作，共享资源和信息，从而提升产品的差异化和个性化。其次，要推动旅游产品的智能化和个性化，以满足不同用户的需求。通过运用智能技术，在线旅游企业可以为用户提供更加个性化的旅游产品和服务。此外，要加强旅游目的地的信息化建设，实时提供旅游信息和导航服务，方便游客的出行和游览。在线旅游与智慧旅游的融合需要充分利用大数据技术和智能化决策支持系统，对旅游行业进行监测和分析，以便更好地了解用户需求和行为特征。通过对用户数据的分析，旅游企业可以更准确地预测用户需求，提前进行产品和服务的调整和优化。而智能化决策支持系统则可以帮助旅游企业做出更明智的决策，提高管理效率和决策质量。

融合后的在线旅游与智慧旅游将带来诸多效益。首先，用户将体验到更加智能化、便捷化的旅游服务。通过在线预订、智能导航等功能，用户可以更轻松地规划旅行。其次，旅游企业可以获得更多的用户数据，并通过大数据技术进行精准营销和精细化管理。最后，融合后的在线旅游与智慧旅游将促进旅游业的创新和升级，带来经济效益和社会效益的双丰收。

四、在线旅游的发展策略

（一）在线旅游的产品策略

在在线旅游行业中，产品策略是一项重要的战略手段。随着消费者需求的不断变化，在线旅游企业需要不断创新和优化他们的产品以满足市场的需求。在制定产品策略时，在线旅游企业应该考虑以下几个方面：产品定位是产品策略中的关键一环。在线旅游企业需要明确自己的目标受众和市场定位，以便更好地满足不同用户的需求。比如，有些企业可能会面向商务旅行者，提供高端商务酒店和定制化的服务；而另一些企业可能会面向年轻的背包客或自由行旅客，提供更加便宜和灵活的服务。因此，确定产品定位是制定产品策略的第一步。在线旅游企业应该注重产品的差异化和创新。在竞争激烈的在线旅游市场中，如果企业的产品与众不同，能够提供独特的体验，就有可能脱颖而出。这可以通过与其他行业的合作，引入新技术或创新的服务方式来实现。例如，一些在线旅游企业可以与本地的文化机构、体育场馆、艺术团体等合作，为旅客们提供独特而丰富的文化体验。在线旅游企业应该注意产品的质量控制和服务的提升。优质的产品和卓越的服务是吸引和留住用户的重要因素。在线旅游企业可以通过加强培训和管理，确保产品和服务的质量。此外，建立良好的用户反馈机制也是提升服务水平的有效途径。在线旅游企业还应该关注产品的生命周期管理。随着市场的变化，用户需求也在不断调整。在线旅游企业需要定期评估和调整产品策略，确保产品的持续竞争力。可以通过市场调研、用户反馈和数据分析等手段，了解目标用户的需求变化和竞争对手的动态，及时调整产品设计、功能和定价等。

（二）在线旅游的价格策略

在线旅游领域，价格策略是影响消费者购买决策的重要因素之一。针对不同的用户需求和市场竞争状况，在线旅游企业需要制定差异化的价格策略，以提高竞争力并实现盈利目标。

1.差异化定价

根据产品属性、旅游目的地、旅游季节等因素，在线旅游企业可为产品划定不同的价格，从而满足不同消费者的需求。例如，对于热门景点的游览门票，可以设定旺季和淡季不同的价格，吸引更多游客在淡季进行旅游，提高旅游资源的利用率。

2.限时促销

在线旅游企业可通过限时特价、打折、满减等促销活动，吸引游客在特定时间内消费。在线旅游企业可以在特定节假日、活动季节或者推出新产品时进行促销，提高销量和用户黏性。此外，推出限时抢购和预售活动也能够引发游客购买旅游产品的紧迫感。

3.个性化定制和优惠套餐

通过为用户提供个性化的旅游产品和服务，例如，定制化的行程安排、私人导游等，在线旅游企业可以满足用户多样化的需求，提高用户的满意度。同时，推出优惠套餐，将多个产品或服务打包销售，可以提高成交率。例如，将机票、酒店和景点门票打包销售，给予一定的折扣优惠，吸引用户同时购买多个产品。

4.积分和会员制度

在线旅游企业通过为消费者提供积分兑换、会员等级升级等特权，鼓励消费者频繁使用平台并选择高级产品或服务。这种策略不仅能够提高消费者的忠诚度，还能够提高用户的整体支付意愿。

（三）在线旅游的推广策略

在在线旅游行业中，推广策略起着至关重要的作用。针对不同的目标受众，采取有效的推广手段，可以提高在线旅游平台的知名度和用户信任度，从而促进用户的增长和业务的发展。针对新用户的推广策略是至关重要的。在线旅游平台可以通过提供优惠券、折扣活动等方式来吸引新用户的加入。这些促销活动可以在社交媒体平台、旅游博客等渠道进行广泛宣传，吸引潜在用户的关注和参与。可以利用用户口碑和推荐机制，鼓励现有用户向他们的朋友和家人推荐平台，以扩大用户规模。针对老用户的推广策略是维护用户忠诚度的关键。提供个性化的服务和定制化的旅游产品，可以提高用户对平台的黏性和满意度。定期发送推荐目的地、旅游攻略以及独家优惠等信息，可以保持与老用户的沟通和互动，让用户感受到平台对自己的关怀和重视。合作伙伴推广也是一个有效的推广策略。在线旅游平台可以与目的地旅游局、航空公司、酒店合作，共同推出优惠套餐、联合宣传等活动，以提高用户的参与度和满意度。这样的合作不仅有助于平台拓展更广泛的旅游资源，还可以提高平台的影响力和竞争优势。在线旅游平台还可以通过与其他相关行业进行合作推广。例如，与支付机构合作推出在线支付的优惠活动，与旅游保险公司合作提供专业的保险服务等。这样的合作不仅可以提升用户体验感，还可以扩大平台的服务范围和增加收入来源。

参考文献

［1］陈才，周丽.旅游景区管理［M］.北京：中国旅游出版社，2016.

［2］陈海明.酒店投资与筹建战略［M］.武汉：华中科技大学出版社，2019.

［3］陈雪钧.旅游企业管理理论与实践研究中国旅游智库学术研究文库［M］.武汉：华中科技大学出版社，2017.

［4］刘军. 区域旅游业生态效率测度及比较研究［M］. 武汉：华中科技大学出版社，2018.

［5］刘廷兰. 民族旅游生态补偿研究：内涵、路径及法制保障［M］. 北京：中国经济出版社，2021.

［6］鲁芬，明庆忠. 基于能值：生态效率模型的旅游景区生态化水平测度与评价研究［M］. 昆明：云南大学出版社，2019.

［7］饶金涛，李善桑.旅游消费与经济增长的动态关系研究［J］.西安工业大学学报，2020，40（5）：573-581.

［8］田里，隋普海，杨懿.旅游发展与经济增长关系研究述评：基于近20年CSSCI期刊载文［J］.资源开发与市场，2018，34（6）：862-867.

［9］苏建军，孙根年，徐璋勇.旅游发展对我国投资、消费和出口需求的拉动效应研究［J］.旅游学刊，2014，29（2）：25-35.

［10］刘汉，宋海岩，王永莲.入境旅游人数、收入与我国经济增长：基于混频Granger因果关系检验的实证研究［J］.经济管理，2016，38（9）：149-160.

［11］黄雪莹，刘祥艳.中国入境旅游与经济增长、汇率之间的互动关系：基于协整检验的实证研究［J］.改革与战略，2019，35（7）：109-116.

［12］郭健全，田毅.旅游需求与经济增长、贫困减缓关系研究：基于市场异质性视角［J］.重庆工商大学学报（社会科学版），2023，40（4）：104-116.

［13］邓淇中，王慧琴.入境旅游与经济增长关系的区域差异研究［J］.旅游

论坛，2011，4（2）：54-58.

[14] 张孝娟，吕思蔚，孙建明.入境旅游与经济增长关系的实证研究 [J].现代经济信息，2012（17）：61-62.

[15] 刘佳，赵金金，杜亚楠.沿海城市旅游发展与地区经济增长关系研究：基于空间动态面板数据模型 [J].经济问题探索，2013（7）：172-180.

[16] 杨建明，张丽雪，苏亚云.基于VAR模型的闽台入境旅游与经济增长关系比较 [J].福建论坛（人文社会科学版），2013（11）：146-150.